U0729104

编委会

主　编　姚志文　姚先国

副主编　张旭明　许为民

编　委　张　滨　雷　雨　许春良

　　　　　　孟德玖　陈丽君　苗　青

　　　　　　陈诗达　陈思静　宫　准

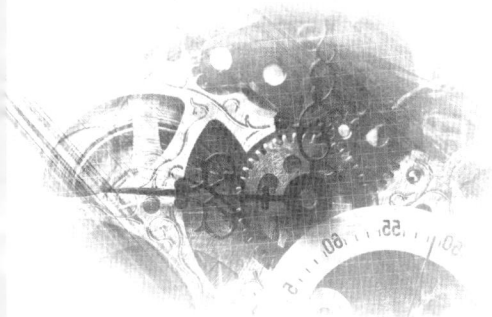

浙江人才强县的创新实践

ZHEJIANG RENCAI QIANGXIAN DE CHUANGXIN SHIJIAN

主　编◎姚志文　姚先国

副主编◎张旭明　许为民

浙江大学出版社
ZHEJIANG UNIVERSITY PRESS

图书在版编目（CIP）数据

浙江人才强县的创新实践 / 姚志文，姚先国主编.
— 杭州：浙江大学出版社，2015.7
ISBN 978-7-308-14850-4

Ⅰ．①浙… Ⅱ．①姚… ②姚… Ⅲ．①人才—发展战
略—研究—浙江省 Ⅳ．①C964.2

中国版本图书馆CIP数据核字(2015)第157107号

浙江人才强县的创新实践

主　　编　姚志文　姚先国
副 主 编　张旭明　许为民

责任编辑　朱　玲
封面设计　春天书装
出版发行　浙江大学出版社
　　　　　（杭州市天目山路148号　　邮政编码　310007）
　　　　　（网址：http://www.zjupress.com）
排　　版　杭州林智广告有限公司
印　　刷　浙江云广印业有限公司
开　　本　710mm×1000mm　1/16
印　　张　14.5
字　　数　188千
版 印 次　2015年7月第1版　2015年7月第1次印刷
书　　号　ISBN 978-7-308-14850-4
定　　价　35.00元

版权所有　翻印必究　　印装差错　负责调换
浙江大学出版社发行部联系方式：0571-88925591；http://zjdxcbs.tmall.com

编首语

人才是创新之基，转型之要，活力之源。浙江经过 30 多年的快速发展，资源要素制约日益明显，对创新驱动发展提出了更高要求，对人才的渴求愈加迫切。这些年来，浙江人才工作始终紧扣"八八战略"，主动聚焦创新驱动，大力引进培育高层次人才，着力推进重大人才工程实施、重大人才平台建设，积极推进人才体制机制改革，努力打造人才生态最优省份，使浙江成为各类人才创业创新的热土，为实施创新驱动发展战略提供了有力的人才支撑。

县一级处在承上启下的关键环节，是党治国理政的重要基础，也是实施人才强省战略、推动创新驱动发展的一线阵地。这次浙江"人才强县"典型案例的征集和选编，既是对浙江县（市、区）人才工作服务创新驱动发展的客观记录，也是浙江人才工作"干在实处、走在前列"的生动见证。这项工作得到了全省各市和县（市、区）人才工作部门的积极响应和大力支持，在此我们深表感谢。希望这些典型案例的编发，能够为各地的人才工作提供借鉴和参考，促进各地人才工作比学赶超、创先争优。

"干在实处永无止境，走在前列要谋新篇。"这是 2015 年 5 月习近平总书记在浙江考察调研时对浙江省广大干部群众提出的新要求、新希望，也是我们进一步做好人才工作的新目标。当前和未来一个时期，浙江正处在人才大省迈向人才强省的新阶段，人才发展面临前所未有的机遇和挑战，期待在如火如荼的大众创业、万众创新征程中，浙江的"人才强省""人才强县"蓝图能够勾绘得更新更实更美，继续走在前列。

编　者

2015 年 6 月

Contents 目 录

Contents

Contents

一 杭州案例

Hangzhou
Cases

杭州下城区
杭州西湖区
杭州滨江区
杭州萧山区
杭州余杭区
杭州富阳区
杭州临安市

着力打造智慧经济"人才港"

21 世纪什么最贵？人才！下城区作为杭州市的中心城区，将"人才强区"作为全区发展总战略，近年来把人力资源服务产业确立为"再造下城先发优势、抢占发展制高点"的重要抓手，特别是 2013 年 12 月开园的浙江（杭州）人力资源服务产业园，辖区内有浙江中智、智联易才等近 30 家具有一定规模和知名度的人力资源服务企业，已经成为下城发展人力资源服务业、助推智慧经济、实现转型升级的主阵地。

良好环境吸引各方齐聚

如何推动人力资源服务企业间产生"化学反应"，实现跨越式发展？浙江中智经济技术服务有限公司副总经理芦平认为："有句话叫从'量变'到'质变'，人力资源企业实现集中式发展，能够为企业带来更大的发展空间。"下城区委、区政府清楚地认识到了这一点，在省、市人力社保部门的大力支持下，在城北体育公园旁建立了杭州市第一家省级人力资源服务产业园。

为什么选择在这里建设产业园？听听在这里工作和生活的人们怎么说就知道了。在园区企业浙江中智工作的小张是个热爱旅游的背包客，她说："产业园地下车库有 400 多个停车位，上班停车很方便。顺着周围的上塘高架、德胜快速、留石快速、秋石高架，15 分钟就可以到绕城高速、沪杭甬高速和杭宁高速。如果要开始一场说走就走的旅行，这里是最好的起点。"

园区南面是拥有 45 公顷生态绿园的城北体育公园，被称作市中心最大的城市氧吧。公园健身中心的负责人表示，产业园开园后，健身卡的销售量明显上升，许多年轻人下班后先来健个身，等晚高峰过了再回去，一举两得。刚做爸爸的北森测评公司员工小严则最关心读书问题："园区周边有三塘实验幼儿园、长青小学、风帆中学等学校，离浙江工业大学等高校也不远。真该打听打听附近的房价，要是还能接受我就把家安在这儿了。"如果把视线再放得远一些，在人力资源产业园落地前，下城区已在周边布局了星火电子服务产业园、创新中国产业园和跨境电子商务产业园，形成一线四园创新发展格局，这一区块也成了下城北部最具发展潜力的区块之一。

产业政策助推企业发展

作为杭州市的中心城区和中央商务区，也是浙江省商贸、商务、金融、文化和会展中心，下城区努力营造人才创新创业的良好氛围，出台了《"513 武林英才"培养引进计划》等一系列政策，营造了良好的政策环境。入驻浙江（杭州）人力资源服务产业园的企业，在享受已有政策的基础上，还可另享产业园专项扶持政策，主要包括综合扶持、引才育才奖励、优先参与公共项目以及猎头补助、以企引企奖励、著名商标创建奖励、扶持上市等。

风乍起，激活一池春水。产业园政策范围之广、理念之新、举措之实，在人力资源服务企业之间引起了强烈反响。世界 500 强企业万宝盛华集团早有进入浙江市场的打算，公司相关负责人宁东表示，人力资源服务业是个相对小众的产业，但杭州下城区搭建平台，把这个行业里的企业集中到一起，说明政府将人力资源服务提升到了产业的高度，体现了杭州发展人力资源服务业的决心。这次万宝盛华入驻产业园，既是因为良好的政策环境，也是看重产业园的集聚优势，更容易形成规模化和集中化，能够向社会提供全方位、系统化的服务，对企业自身发展大有裨益。

本土企业千汇猎头是最早入驻园区的企业之一。集团老总俞继宗感慨地说，在全球一体化的今天，人力资源服务行业已经从初期的快速发展进入了规范有序的发展时期，政策方面对行业的要求也越来越高，这就逼着大批人力资源服务企业进行变革。"今后，新服务产品的研发和产品整体组合营销的一体化业务模式，将是未来人力资源服务行业发展的趋势。"俞继宗在集团会议上说，公司入驻浙江（杭州）人力资源服务产业园后，将抓住政府打造人力资源集聚区的机遇，实现企业的持续发展。

优质服务让你高枕无忧

政策有了，人才来了，怎么样才能为他们提供优质服务，帮助企业做大做强，让员工工作生活得安心舒心？一大奥秘就是产业园"两楼三区"的功能布局："两楼"为人力资源大楼和下城区人力资源和社会保障局办公大楼。其中，人力资源大楼共计17层，1 ~ 4层为公共服务区，拥有1000多平方米的员工餐厅、2000多平方米的招聘大厅、3000多平方米的多功能区域、30个服务窗口，是全市功能最齐全、设施最先进的集劳动人事、社会保障、人力资源服务为一体的公共服务平台。园区另外一幢建筑——下城区人力社保局办公大楼与人力资源大楼相距50米，可以实现公共服务窗口联动，使入驻企业足不出园就可享受社会保障、劳动维权、人才就业等一站式、一条龙的人力社保服务。"三区"则是公共服务区、企业办公区和后台支持区，通过有效联动为企业提供优质的公共服务。

在为园区企业提供优质服务的同时，产业园发挥人力资源企业集聚优势，方便企业和个人办理人力资源服务有关的各类事项。产业园招商负责人表示："这里，就像一个人才服务的大超市，无论是企业还是人才，需要什么样的服务都可以像点菜单一样提出来，园区内的各家人力资源机构都会尽最大努力完成好。"开园至今，产业园已举办了第一届浙江省人力资源服务业博览会、"就业有位来"高校毕业生专场招聘会、"人岗匹配"引才计划招聘会、"白领"人才洽谈会等多场综合性招聘会，还不定期邀请省内外人力资源专家学者举办沙龙讲座，分享最新的行业资讯和最前沿的研究成果。近期，园区举办了2014年人力资源服务企业高级管理人员研修班，受到了参加者的广泛好评。

产业园区作用初显

栽好梧桐树，引得凤凰来。浙江（杭州）人力资源服务产业园已引进的多家知名人力资源服务机构中，被列入大中华区人力资源服务企业100强的有7家，中外合资企业3家。结合园区发展实际，下城区进一步制定了《下城区人力资源服务业产业发展规划（2014—2020）》，提出了人力资源服务业快速集聚发展的时间表和路线图。规划到2016年，实现集聚30家全国知名人力资源机构和省、市行业协会，入驻员工1500人，年产值突破50亿元的目标。到2020年，人力资源服务业达到中等发达国家水平。

发展人力资源服务产业园，其重要意义并不在于对当地直接贡献多大的GDP和税收，而是在于通过构建人力资源开发平台，集聚产业、拓展服务、孵化企业、培育市场，为地区经济发展集聚人才资源，即经济学上说的"溢出效应"。目前产业园的溢出效应已初步显现。园区企业才纳人力资源集团与美国好莱坞3alityTechnica公司积极合作，落地了3D技术人才培训和3D技术外包服务等项目，不仅培养了杭州本土的先进技术人才，也助推了一大批相关产业的发展。而钱江人才开发有限公司致力于社工培育、养老服务、政务外包等民生服务，在人力资源领域不仅推动了人才的建设，更为社会做出了许多有益的贡献。

学者点评

　　在寸土寸金的杭州中心城区，以企业作为建设主体、政府大力支持推进的方式，建设人力资源服务产业园区，既符合社会主义市场经济发展的规律，也契合人力资源服务产业发展的趋势，更适合区域社会经济发展的需要。在园区，通过引进高水平、多层次、各类型人力资源服务企业，可以充分发挥集聚创新的优势：一方面入园企业通过积极竞争有助于提高服务质量，也让服务对象能够方便地"货比三家"；另一方面园内企业错位发展实现优势互补，使服务对象足不出园就能一条龙、一站式获得所需人力资源服务。下城区这种以市场化方式提供集聚服务的做法可以为各级政府全方位服务人才提供借鉴。

区校合作打造人才创业生态链

杭州市西湖区，一直以来就是名人辈出、名人集聚之地。这里，有被称为"人间天堂"的世界遗产西湖，更有浙江大学、中国美术学院等几十所高校院所和86个市级以上研发与技术中心。这里，是海内外英才创业创新、实现梦想的福地。近年来，西湖区坚持"强强联合、优势互补、共同开发"，充分整合政府、高校、科研院所在人才开发中的互补功能，合作打造人才创业"基础链、中坚链、尖端链、智慧链"，构建一种促进各类人才创新创业及可持续发展的生态机制。

目前，西湖区共集聚"两院"院士46名，享受国家及市政府津贴人才21名，国家"千人计划"人才1名、省"千人计划"人才13名、市"521"计划专家16名、区"325"领军人才50名，博士后科研工作站61个。发明专利授权量连续8年保持全省首位，经济指标排名居省市前列。人才全面释放"第一资源"能量，引领经济转型升级。

支撑大学生创新创业

早在2008年，西湖区就确立了将"知识化、年轻化、激情化的大学生融入创业大军之中，成为一支活力迸发的创业兴业生力军"的工作思路，积极推动大学生创业企业与高校、大企业等"联姻"。

"大创企业＋高校"构建创业"孵化器"。与浙江大学科技园合作共建"西湖·浙江大学科技园大学生创业园"，并以此为标杆向周边园区扩展，建立了文化创意大学生创业园和电子商务大学生创业园等12家创业孵化器，孵化面积达26.5万平方米，成功打造浙江省首批大学生创业示范基地。优化创业"软环境"，依托青年创业俱乐部（乐创汇）、创业青年交流活动中心和凤凰创意大讲堂三大载体，举办了以"我的创业之路""创业专家门诊""专题交流平台"为主题的创业沙龙225期，培训创业人员1万余人次。实施"大学生创业导师行动"计划，聘请了50余名知名专家学者、企业家、创投专家以及政府机关相关部门领导等担任大学生创业导师，为大学生创业提供"一对一"或"一对多"的培训指导和服务。

据统计，在西湖这片创业热土上，大学生创业企业由6年前的46家增长至目前的1237家，创业学生达到3008人，带动就业5400人，年产值1000万元以上的大学生创业企业达10家，年产值500万元以上的达12家。一大批青年创业明星如雨后春笋般破土而出，成为战略性新兴产业发展的生力军。如泛城科技陈伟星登上《福布斯》"中国30位30岁以下创业者"榜单，乐港科技CEO陈博被评为中国网游行业新锐人物等。

吸引教授带团队创业

"让教授成为企业家！"近年来，西湖区积极为教授创业创造条件，在区域范围内形成了一批教授创办、科技领先、规模效益的企业，实现了"一位高层次人才、研究一项高新技术、成立一家高新技术企业、生产一个高新技术产品、带动一个高新技术产业"的成功范例。

西湖区委、区政府先后与浙江大学、中国美术学院、浙江工业大学、浙江科技学院签订《关于进一步加强友好合作框架协议书》《创意领头雁人才工程合作协议》《人才合作协议书》，在人才交流培养及科研成果转化等方面展开全面合作。

出台区"青蓝计划"等扶持政策，在充分发挥辖区浙江大学科技园、中国美术学院国家大学科技（创意）园、西湖科技园、杭州数字娱乐产业园、西溪文化创意园、转塘科技经济园等六大各具特色的科技（创意）园平台优势的基础上，新建首批两个"杭州青蓝科创产业园"，积极推动教授科技创意成果的转化和高新技术产业的孵化。同时，每年定期组织举办"百企与百所高校科技人才合作洽谈会""百名海外专家西湖行"等活动，创造了一个适宜教授企业创新发展的"土壤"和"气候"。

近年来，一大批院士、专家加盟西湖，把西湖作为科技创新、产业孵化的基地，产学研合作成果在西湖不断生根、开花、结果。全区集聚了教授带团队创业企业140多家、建立院士专家工作站7家和博士后工作站6家，为企业转型升级注入了动力，形成了智慧财富的新示范。

集聚海内外高层次人才创业

随着国家和省"千人计划"的实施推进，西湖区更难掩对一流海外人才的渴望：在2011年出台西湖区"325计划"累计投入6184万元的基础上，2014年，进一步加大政策扶持力度，在给予入选项目最高500万~1000万元的创业启动资金、500平方米的办公用房补贴、500万元的银行贷款全额贴息，入选国家"千人计划"、省"千人计划"、市"521"计划人才分别给予100万元、100万元、50万元的安家补助等资助外，还对风投机构、人才中介机构、海外人才工作联络站等引才工作给予资金资助。

紧盯海外领军型人才，选择区内专业匹配、实力雄厚的企业，促成强强联姻。美国卡内基梅隆大学博士宋宏伟与浙江方大通信有限公司联姻创办方大智控科技有限公司，自公司成立两年多，市场销售额已超5000万元，公司收获荣誉无数，宋宏伟成功入选浙江省"千人计划"及 2014 世界杭商大会"青年领军人物"。

依托品牌活动引智，积极组团参加欧美海外引才、侨界海外精英创业创新峰会、杭州国际人才交流与合作大会、国内"九校联盟"招聘会等活动，组织海内外高层次人才实地考察西湖区创业环境，大力引进高层次人才和高科技项目。

同时，以领军人才的示范带动效应，吸引海外高层次人才。这些高端人才来到西湖区后，以才引才、以才聚才、以才育才，以他们为核心组建创业团队达 68 个，累计总投资 6.5 亿元，2013 年度技工贸收入达 2.4 亿元，带动 3800 余人就业。

现在，"尖端链"的人才集聚效应已经显现，海内外高层次创新创业团队，正源源不断地进入西湖区新材料、新光电、生物医药、物联网等领域，产生出喜人的"葡萄串效应"，助推着西湖区经济转型升级。

打造智慧经济人才之地

在智慧经济、智慧城市人才建设方面，西湖区既具有先天优势，实践上也是眼光超前、起步很早、成效很大，走在了杭州全市的前列。淘宝、支付宝等智慧应用在西湖区的诞生，是西湖区未来型人才与智慧经济全新结合的最有力证明。

西湖区明确提出，要大力引进云计算、大数据、物联网、移动互联网等方面的高层次领军人才和高水平创新团队，为加快发展信息经济和智慧经济提供有力保证。

目前的西湖区，以集聚了大量信息经济和智慧经济人才的云栖小镇、西溪谷、杭州云谷作为主阵地；以浙江大学国家大学科技园、中国美术学院国家大学科技园、转塘科技经济园、西湖科技经济园（国家广告产业园）、西溪创意产业园、福地创业园和文三路电子信息街为主平台；以年度阿里云开发者大会作为吸引智慧人才的主引擎，强力推动未来型人才与智慧经济实行最新最快的结合，炼成信息化高手创业"智慧链"。如戴云扬博士携带"三维视频内容生产系统"项目来西湖区创业，成立了杭州南湾科技有限公司，该项目是国际领先的视频信号处理技术，在成立一年多的时间里已打入好莱坞电影市场，2014年已与华纳兄弟、福克斯、迪士尼、环球影业等世界顶尖影业公司签订了多部影片制作合同，收入超4000万元。

目前，西湖区最新的"智慧应用"在民生上的成果如"美丽西湖"微博微信、"西湖发布"、中国移动手机阅读基地、"社区健康通"、信息化养老平台建设、腾讯创业基地、阿里云创新创业基地……而撑起这一切的背后，正是那些来自海内外的未来型奇才高手们。

学者点评

西湖区的人才创业队伍建设颇有可圈可点之处。依托辖区内浙江大学等著名高校的人才资源优势，致力于形成科技创业家的摇篮，以尖端技术和新锐创业家为特色的科技园、创业园、智慧谷不断涌现。以青蓝计划为支撑的大学生创业有声有色，创业军团可谓兵强马壮；另一方面，以"521"计划为依托的海归创业家正在井喷式增长。两股力量汇聚构筑了西湖区人才发展的美好前景，也为全区的经济社会可持续创新发展提供了不竭的动力。

"5050 计划"——栽培梧桐树引来金凤凰

凤凰鸣矣，于彼高岗；梧桐生矣，于彼朝阳。

2009 年，杭州高新区（滨江）成为国家"海外高层次人才创新创业基地"。为切实推进基地建设，杭州高新区（滨江）研究出台了一系列政策，正式推出"5050 计划"。"5050 计划"就像是在钱塘江畔栽下的梧桐树，引得各路凤凰在此鸣唱。

梧桐树成林，鸣凤结群来

"选择杭州、选择滨江，最重要的原因是这里是创业者的天堂。"杭州古北电子科技有限公司 CEO 刘宗孺总结了几个原因："第一，有良好的创业环境，杭州开放、创新、技术储备优良，滨江是国家高新区，信息经济、智慧经济发达，对创新创业支持力度大。第二，丰富的人才储备，杭州高校、名企众多，集聚了一批对口人才。第三，良好的政府服务，政府在政策、资金、生活等各方面都给予了创业者很大的支持。"

"5050 计划"为刘宗孺的选择提供了丰厚的回报——300 万元的无偿资助，以及一系列扶持政策，包括办公场所全额租金补贴、税收优惠、人才激励政策等。在滨江的创业是顺利的，在短短一年内，刘宗孺创办的公司就研制出了我国首个自主知识产权的毫米波（60GHz 下一代 WiFi）无线通信芯片，技术指标均为世界一流，其产品迅速打开了市场。

物以类聚，人以群分，创业者的朋友，同样有着创业的愿望。基于移动互联浪潮的汹涌来袭，以及智能家居的广阔市场前景，2013年，刘宗孺邀请了墨尔本大学的同学姚博一起归国创业，成立了杭州古北科技公司，创业的地点还是滨江。

对于刘宗孺这样的"VIP"创业者，滨江区再次展现了最大的诚意——高达500万元的无偿资助资金，税收优惠、办公场所全额租金补贴、人才激励政策等优惠待遇很快落实到位。

与4年前相比，刘宗孺和姚博所获得的创业服务，其完善程度已经不可同日而语。4年间，高新区（滨江）对"5050计划"进行了升级修订，加大扶持力度，并深化人才激励、产业联盟等方面内容。特别值得一提的是，为全面评价"5050计划"引进项目发展情况，更好地做好引进培育和落地服务工作，2013年开始，该区人才办重点对前4批"5050计划"引进项目开展了绩效评估，

精心设计的绩效评估工作，通过建立"人才引进""销售业绩""创新成果"三个维度的9项指标，对已落地项目进行综合评价。在这些全面、详尽的指标数据面前，"5050计划"实施以来所取得的成绩彰显无遗。相应的，"5050计划"引进项目发展中存在的主要问题，即"三难两缺"（融资难、市场开拓难、引才留才难，缺乏对国内市场的整体调研和准确把握、缺乏架构科学完整的创业团队）也暴露无遗。

找对了症结，就有的放矢、对症下药。高新区（滨江）人才办组建了专门的服务团队，分类、分阶段、有针对性地对引进项目给予创业帮扶。对优秀企业加大政策持续扶持力度，加速企业发展；对发展不理想的企业，帮助查找问题症结所在，提出解决推进方案，推进企业发展。

针对海外高层次人才普遍遇到的"没经验、少资金、缺人才、找

市场"等问题，整合银行、风投、中介等机构资源，创新打响服务品牌，不断提高服务专业化、精细化水平。

与杭州银行科技支行联合推出贷款新产品"基金宝"，对获得区"5050 计划"资金补助但补助资金尚未到位的科技型中小企业，由科技银行按照较低的风险控制门槛，根据政府资助额度给予优先发放贷款，解决企业的流动资金需求，企业在政府的补助资金到位后归还银行贷款。目前已有 17 家海外高层次人才创业企业获得该项贷款，9 家正在洽谈。

汇聚创投机构搭建的"六和桥"投融资沙龙，也成为特色活动品牌之一，架起了人才与资本对接的桥梁。活动由"5050 计划"加速器和浙江省创业风险投资行业协会共同承办，每周四定期举行项目路演、投资洽谈，致力于整合人才、项目、创投、企业、科技中介、政府等六个方面的优势资源。目前，"六和桥"投融资沙龙累计举办了22 期，1 个项目已顺利获得天使投资人投资，10 余个项目与创投机构达成投资协议。

整合多方资源打造的"海归之家"，更是成为海归人才的"创业港湾"。"海归之家"围绕政策解读、创业辅导、资智对接、人才招聘、健康生活等主题，每月举办"海归之家 创业之路"系列活动，搭建信息发布和沟通联系的平台。同时，成立了由行业技术专家、管理运营专家、投融资专家组成的创业导师团，首批聘请了 18 位专家，参与"海归之家 创业之路"主题活动，为人才创新创业提供问诊和辅导，帮助人才找准创业方向和实施路径，提升创业成功率。

凤凰鸣啾啾，一母将九雏

刘宗孺和他的两个公司，只是近年来海归人才在高新区（滨江）

创新创业的一个缩影。该区多年来不懈的努力，已经逐渐收获了累累硕果。在这里，越来越多的重量级企业在崛起，并带动着一个个注册资金仅有几万元、几十万元或数百万元的"幼苗"，以超常规的发展速度向着"巨人"成长进发。

从孵化器里一间 49 平方米的办公室开始，到 8 年后成为国内唯一上市的医药 CRO（临床合同研究组织）企业，这是泰格医药创造的奇迹。

聚光科技，最早也是从这里的孵化器起家，逐步成为行业龙头。

这些"奇迹"，同时又激励着那些正在起步阶段的创业者。

能够形成这种百花齐放、你追我赶、互相扶持的创新创业生态圈，高新区（滨江）人才部门付出了大量的心血。

"近年来，我们把'园中园'和分园作为全区人才项目对接、交流、洽谈、服务的'一线'力量，逐步构建覆盖全区的人才工作网络。"高新区（滨江）人才办负责人介绍说。

组建专业化团队。依托创投机构、科技中介、科研院所等专业型机构，建立了"5050 计划"加速器、浙江大学正合科技园、中科高新产业园、国际先进技术转化产业园等四个"园中园"，以及天和生物医药科技园、浙江大学科技园（华业）两个海创基地分园。每个园中园和分园分别组建能够为人才和企业提供企业初创、政策咨询等全套服务的专业团队，驻点服务、确保质量。

强化即时评审。"5050 计划"的引才过程，推出了政府主导和市场主导两种人才评价方式。除了传统的"集中评审"环节外，特别设计了"市场化"的评选载体，组织举办了"5050 计划"人才创新创业大赛和全英创新创业大赛，为创投机构、企业等市场主体发挥作用留足空间。

确立差异化定位。根据全区产业引进导向和各园中园、分园自身优势，对园中园和分园的招才引智方向进行"差异化"定位，如"5050计划"加速器主要针对较为初期的人才创业项目，中科高新产业园主要针对与中科院关联的人才和项目，国际先进技术转化产业园主要针对国内外知名高校的"产学研"人才和项目，天和科技园主要针对生物医药人才和项目，浙江大学科技园主要针对和浙江大学关联的人才和项目，等等。

优化跟踪式服务。把园区服务融入招才引智的各个阶段，并不断予以优化。园中园和分园通过自身引才渠道，各自以"小分队"的形式，依托联盟、院校、学联等资源，通过类似"猎头"的灵活方式，把招才引智的触角伸到国内外各个人才集聚点。建立"创客汇""贝壳社"等"微圈子"，积极开展线上线下活动，用新媒体吸引人才，促进园区内创新创业人才之间的交流沟通和借鉴合作，不断扩大招才引智的圈子和范围。专业服务汇聚人才，区"5050计划"征集评审的所有人才和项目，根据园区的差异化定位，分解到各个"园中园"和分园，各"园中园"、分园通过专业团队为人才和项目提供"保姆式"服务，加速项目的落地转化。

截至目前，全区人才资源总量达18.7万人，引进留学人员4000余人，海外归国留学创业人员1094人，创办企业642家，拥有国家"千人计划"专家40人，国家"万人计划"专家2人，浙江省"千人计划"专家77人，培养造就了一支规模宏大、结构优化、布局合理、素质优良的人才队伍。因才兴区、以才强区，源源不断汇聚的高素质人才，展现了杭市高新区（滨江）美好发展前景。

学者点评

日前，杭州高新区（滨江）在全国114个国家级高新区中综合排名升至第5位，已成为浙江省最重要的科技成果产业化基地、技术创新示范基地、高新技术产品出口基地和创新型人才培养基地。高新区的斐然成绩源于其人才工作的"精准性"：一是精准评价，从评价主体多元化、评价程序即时化等方面来保证人才和项目评价的客观性与可靠性；二是精准定位，通过园中园、分园等平台的建立实现优势互补和差异化发展；三是精准服务，找出人才创业的核心"症结"并通过多种手段满足其切身需求。

人才强区新名片——博士后站扬风帆

15 年前，博士后科研工作站在萧山还是一个鲜为人知的新生事物。在政府部门的牵头下，1999 年年底，万向集团由原国家人事部批准建立了萧山第一家博士后科研工作站，从此开启了萧山探索建设博士后科研工作站的历程。

15 年后的今天，博士后科研工作站已经成为萧山实施人才强区战略的一张金名片，为萧山企业创新发展、集聚人才搭建了一个重要平台。短短 15 年间，萧山博士后科研工作站从"零"起步，已经成功建立了 28 家（其中国家级 21 家），占杭州市建站总数（89 家）的近 1/3。

培育先行，建站筑巢有保障

为了推广博士后科研工作站这一新生事物，萧山提出了"先种试验田，先建示范区，学有榜样、带动其他企业建站积极性"的发展思路。

经过多年的经营，首个"吃螃蟹"的万向集团企业博士后科研工作站不仅为企业产生直接的数额巨大的经济效益，还在培养、引进高层次人才方面发挥出潜在的集聚效应。很快，在万向集团的示范带动下，区内越来越多的企业纷纷提出建站申请。

然而，企业申请建站的积极性提高了，萧山的博士后科研工作站的发展并没有从此一帆风顺，新的发展难题再次摆在眼前：企业建站的成功率不高。"很多企业可能不是十分了解博士后相关工作，准备得并不充分，达不到建站要求。"区相关部门的一位工作人员分析道。

如何提高企业建站成功率？从 2007 年起，萧山大胆创新，对欲建站单位开始实施培育计划，探索出一条"提前介入，先行培育，好中选优，顺势而上，提高建站申报成功率"的博士后科研工作站培育制度。对区内具有一定规模、技术含量较高、开展博士后工作意愿强烈的企业，采取培育加筛选加助推的建站培养模式，要求有建站意向的企业提前 2~3 年申报，经筛选列为培育对象，进入培育期，接受相关业务培训和建站指导，并提前按照国家级建站标准进行软件和硬件建设，积极开展自主创新。经过培育期的"预热"，不仅使企业提前了解了建站条件与详尽的申报工作流程和要求，大大提高了建站申报的成功率。更重要的是，企业经批准建站后能马上进入角色。

杰牌控股集团有限公司就是尝到培育制度"甜头"的众多企业之一，因为较早接受了建站培育，该企业的各项建站申报工作和各类软硬件建设都有着充足的准备，2013 年一举成功申报建立国家级博士后科研工作站。

此后，经过前期有针对性的培育，萧山博士后科研工作站培育制度结出硕果。2013 年 8 月，国家人社部公布了全国新批的 610 家建站单位名单。萧山作为一个区就占了 7 家，不仅占据了杭州全市获批 14 家新站的一半席位，更是在全国同级行政区中名列榜首。其中，国家级科研工作站也猛增了 1/3，增幅创历年之最。

牵线搭桥，招贤纳才有平台

"筑巢"的目的就是要引来"凤凰"，而最让人着急的莫过于巢筑好了，却不见凤凰来。

浙江国泰密封材料股份有限公司博管办主任沈铁伟清晰地记得建站之初招不到博士后研究人员的那份焦虑。这家公司 2006 年成为浙江省博士后科研工作试点单位后，由于密封材料行业的特殊性，学科相对狭窄，专业人才较少，建站后一直招不到合适的博士后科研人员。得知这一情况后，区相关职能部门及时上门了解情况，并动用各方资源与高校、科研院所联系，向网络平台发布信息，终于帮助该企业在 2008 年年末引进了一位来自山东大学的博士后研究人员。

为了进一步拓展人才招收渠道，萧山区每年积极组织博士后工作站所在企业随省、市组团赴北京、西安、南京、上海等地进行 2~3 次人才招聘。在省、市没有外出组织招聘的情况下，单独组团，主动出击，先后与中国科学院、清华大学、浙江大学、复旦大学、哈尔滨工业大学等省内外 30 多所高校、科研院所建立了良好的合作关系，为区内博士后工作站企业构筑了一个招贤纳才的大平台。

近几年，萧山政府部门利用各级网络平台帮助建站企业发布项目信息已达 1000 余项，先后引进了 147 名博士后研究人员来萧工作站开展课题研究，使得区内建站企业成功集聚了一批优秀的高端人才。

政策扶持，高效运行结硕果

"金巢"筑好了，"凤凰"飞来了，如何让博士后科研工作站高效运行才是最终目标。

萧山区委、区政府先后出台多个政策，不断加大扶持力度，确保博士后科研工作站的高效运行。

在资金扶持方面，从 2007 年开始对建站企业和进站人员进行资助。当前，对国家级工作站，区人才专项资金一次性给予 30 万元的建站资助经费；省级试点单位，一次性给予 15 万元的建站资助经费；每进站 1 名博士后研究人员，给予 10 万元的经费补助，出站后在萧工作的博士后研究人员，再给予每人 20 万元安家补助费，并给予一定的人才生活津贴。

同时，为促进企业博士后工作站质量的提升，每隔三年开展一次"三优"评选活动。即，在对各设站单位进行严格的质量和效益评估的基础上，每三年组织开展一次先进博士后科研工作站、优秀博士后研究人员、优秀博士后管理工作者的评选活动。对先进博士后科研工作站给予每家 5 万元的奖励，给予优秀博士后研究人员每人 1 万元的奖励，给予优秀博士后管理工作者每人 5000 元的奖励。

在一系列政策的扶持下，萧山博士后工作站呈现出"设立一家运作一家，运作一家成就一家"的良好局面，使众多企业尝到了建站的甜头。

当年率先"试水"的万向集团是最大的受益者。在 15 年的发展历程中，万向的博士后工作站先后引进 22 名博士后开展课题研究，申报专利 109 项，承担国家项目 6 个，省部级项目 5 个，博士后工作站分别荣获国家和省、市级先进单位，成为全国的一面旗帜。

目前，全区已有 28 家博士后科研工作站全部正常运行，先后引进了 147 名博士后研究人员，吸引了 39 名博士后出站后继续留萧工作；完成市级以上科技项目 200 个，其中国家级项目 38 个、省部级项目 65 个；获市级以上科技成果奖 27 项，其中国家级 7 项、省级 14 项；获各种专利数 247 项，其中发明专利 66 项；在国内外刊物发表论文 219 篇；成果转化新增产值 69.2 亿元，累计产生利润 10.09 亿元。

学者点评

　　企业博士后科研工作站作为博士后制度的一种，在产学研合作中，是市场驱动、自下而上进路的创新模式与研发推动、自上而下进路的创新模式的交集。萧山区政府在博士后工作站方面采取"培育先行""牵线搭桥""政策扶持"等多项"组合拳"，可谓切中要害。"培育先行"摸清企业自身需求，"牵线搭桥"拓宽企业引才渠道，"政策扶持"调动人才自身积极性。政府将企业和人才的需求有机结合，让两者通过博士后平台各取所需、各展所长，这是萧山经验给我们最大的启示。

杭州未来科技城——人才集聚新高地，转型升级主引擎

"鱼无定止，渊深则归；鸟无定栖，林茂则赴。"2010年以来，余杭区始终坚持人才优先发展战略，以中组部、国务院国资委确定的全国四大未来科技城之一——杭州未来科技城（海创园）为主引擎，积极探索深化人才工作体制机制改革，聚焦海外高层次人才引进和培育，依托人才资源促进产业转型升级、推动经济科学发展。

在人才高地建设过程中，杭州未来科技城重点围绕"引得来、留得住、用得好"的目标，开辟人才引进"绿色通道"，做好人才引进"一站式"服务，实现人才进入"零障碍"。贝达药业公司丁列明、易文赛生物技术公司项春生等众多高顶尖人才放弃海外的丰厚待遇带着团队和项目如候鸟迁徙般纷纷归来，在这片热土圆自己的"人生梦"。

仅仅四年多时间，杭州未来科技城已累计引进和培育海外高层次人才1200余名，其中国家"千人计划"人才70名、省"千人计划"人才89名，海内外院士级顶尖人才15名。引进入驻企业1700多家，其中海归企业348家，118家企业已进入产业化阶段，发展势头良好。人才引领创新效应也日益显著。截至2014年年底，杭州未来科技城实现技工贸总收入997亿元，完成税收69.6亿元，人才成为了科技城跨越发展的"独门秘诀"。

当下，杭州未来科技城正以构建高端人才创新创业最优生态之决

心，放眼全球，海纳天下之英才。

不遗余力引人才

作为中央和省、市、区四级合力打造的人才高地、全国最具代表性的海外高层次人才创新创业平台之一、浙江省"人才引领、科技创新"的领头羊，杭州未来科技城对于人才的重视是前所未有的，在引才引智上更是不遗余力，用诚挚与实力俘获了各路人才的"芳心"。

2014年10月初，参与阿里巴巴阿里云平台研发的国家"千人计划"专家唐洪博士领到了中组部、浙江省、杭州市政府共300万元奖励，加上余杭区还有100万元配套奖励，共计400万元的奖励费用。这么大一笔人才奖励费在阿里引起了不小的轰动，这也是阿里巴巴（淘宝）申报成功的首位国家"千人计划"人才。阿里内部人才济济，得知从未来科技城申报各类人才计划有如此优厚的配套奖励，符合条件的"阿里人"纷纷行动，目前已有10位人才申报了2014年省"千人计划"人才计划。

阿里集团人力资源部经理陈莉说："以前公司只重视内部激励与培训，落户未来科技城后，由于园区对人才工作的高度重视，也让我们知道了更多政府层面的引才、育才政策，这种'政企联动'的引才做法，不仅加大了对人才的吸引力度，也完善了人才的服务机制，实现了"1+1"大于2的效果。"

2014年9月，阿里巴巴集团在美国纽交所成功上市，上演了美国市场规模最大的IPO，由此，阿里巴巴一跃成了全球知名企业，缔造了一连串的"第一"，也让很多老外、海外华人第一次听到了"杭州未来科技城"这个名字。未来科技城在海外引才时可以自豪地说：阿里巴巴就落户在我们园区。

在未来科技城，事业版图越拓越宽的不止阿里巴巴。

2002 年，留学美国的丁列明博士放弃丰厚的待遇毅然回到了国内创业，从滨江辗转于余杭扩大发展，以丁列明为首的贝达药业十年磨一剑，成功研发了我国首个拥有自主知识产权的小分子靶向抗癌药——凯美纳，并于 2011 年正式上市。它的上市，标志着中国小分子靶向抗癌药完全依赖进口的日子成了历史。2013 年，贝达药业与全球最大的生物医药公司——美国安进公司签订了战略合作协议，并将该项目落户在了杭州未来科技城。

阿里巴巴的成功，让无数海外高层次人才看到了国内创新创业的典型与活力。贝达药业的成功引来了全球最大的生物医药公司——美国安进，也带来了一批研发人才，为下一步国内生物医药的发展带来了无限可能。

杭州未来科技城不仅开启了"借力引才"模式，在"自主引才"上也是全力以赴。

为了在全球范围内"网罗"优秀人才，未来科技城不仅通过"挂图作战"引才、"点对点"引才和"保姆式"全程引才，还通过开展国际人才交流会，与清华大学、北京大学等一流学府，以及欧美同学会、中华英才网、驻美办事处等重要平台积极对接，以此广泛搜集人才资料，建立"人才库""智囊团"，在企业、人才入驻上实现"零审批"，并明确提出了"不仅要比政策力度，更要拼兑现速度"，逐步使"决策快、审批快、兑现快"成为人才落户的核心优势。

看，易文赛生物技术有限公司的项春生来了，归创医疗的赵中来了，海牛环境科技公司的陆侨治来了，杭复新材料公司的邹湘坪来了，微泰医疗器械的郑攀来了，李兰娟院士来了……这些海归人才、专家院士们纷纷选择了来未来科技城开创事业，并在这片创业热土中尽展其才，创出了一个又一个"国内第一""国际领先"。

千方百计"用"人才

未来科技城深刻懂得：城以才兴，人才资源是科技城的第一资源，是决定其发展水平和高度的决定性要素。

为了让人才落户没有后顾之忧，未来科技城创新出台了《人才租房补助管理办法》《人才安家费（购房）补助操作细则》等人才扶持政策，符合要求的人才最高可享受 150 平方米的租金补助或 300 万元的安家费补助。同时，科技城内人才公寓建设也加快推进，目前，一期工程已全部投入使用，先后为 200 余名人才解决住房问题，二期工程正加紧装修，完成后可新增 1000 余套精装修人才公寓，货币化安置政策也相应出台。

不仅如此，未来科技城竭力支持人才创新创业。出台了《人才创业资助奖励管理办法》《项目启动资金拨付细则》等一系列扶持政策。对国际一流的创业创新领军人才及其团队给予不低于 2000 万元的支持，最高 600 万元的购买研发设备及研发费用补助，最高 500 万元高新成果奖励。截至目前，累计已拨付各类人才、科技奖励补助资金近 2 亿元，确保了科技城内人才引得进、留得住、发展得好。

在此基础上，未来科技城还鼓励民企引才用才，引进央企搭建平台，深化与院校的人才合作，全情支持鼓励人才创新创业。为怀抱创业梦想的海归人才探索出了一条"人才 + 资本 + 民企"的特色发展之路，建立起 1 亿元引导基金，设立 4 亿元贷款风险池，为海归们创造了更多实现梦想的可能性。科技城内已有 112 家海归企业获得了融资，融资规模达 20.8 亿元。

人才引领经济跨越发展在未来科技城体现得淋漓尽致。目前，未来科技城已初步形成电子信息、生物医药研发、新能源新材料、金融服务四大产业集群。其中，以阿里巴巴淘宝城为龙头的电子信息产业迅速壮大；以易文赛、星月生物、微泰医疗为代表的生物医药产业不断集聚，累计达到 161 家；以尚越光电、欧佩亚为代表的新材料项目全年营业收入总额可突破 2 亿元，同比增长约 300%。同时，科技城内已汇集包括中国移动杭州研发中心等 8 个央企项目、北京大学工学院浙江创新研究院等 8 个高校院所以及一批世界知名企业。三年来，科技城技工贸总收入和税收收入始终保持高位增长，增幅分别达到 72% 和 100%。新兴产业、高商强企、大院大所的辐射、溢出效应日渐显著。

精准细服务人才

多年来，未来科技城引才、惜才也爱才，努力在人才服务工作中当好"店小二"。

专门组建服务中心负责科技城宣传招商及高层次人才的联络、引进和服务工作；设立杭州科创孵化器有限公司扶持项目研发成果的孵化、中试及产业化；成立"市民之家"对项目的审批代办进行一站式服务；成立海创联谊会为人才交流、合作、共赢搭建平台；大力引进财务、税务、法务、管理咨询、知识产权保护等专业中介服务机构和 50 余家金融投资机构，不断完善创业环境；引入浙江省科技信息研究院、省商务人力资源交流服务中心资源，紧贴人才多样化需求；成立未来科技城创新研究院，实施"创业导师 + 辅导员 + 联络员"三位一体的创业辅导体系，助推创新人才向创新创业复合型人才升级。

出台了人才项目"私人订制"服务体系，在园区企业中遴选出"潜力型""成长型""加速型""优势型""四个一批"重点企业，分门别类予以扶持。

同时，服务于人才的生活配套也逐渐完善。西溪印象城开门迎客，浙医一院海创园门诊部、杭州师范大学新校区已投入使用，浙医一院余杭院区、浙江大学医学研究中心、纽蓝顿商业综合体、未来科技城第一小学、幼儿园加快推进，学军中学项目成功签约。地铁5号线、快速公交6号线正抓紧施工，文一西路、文二西路、海曙路等"五纵六横"交通干道网络日渐清晰，杭州未来科技城与杭州主城日趋融合。

眼下，依托杭州未来科技城蓬勃的产业前景，余杭区的"梦想小镇"建设项目也顺势启动。作为浙江发展信息经济的一个重要载体，在不久的将来，"梦想小镇"将成为有抱负、有理想的人才们的"圆梦"福地，成为余杭经济新的增长极。

学者点评

杭州未来科技城是浙江省、杭州市和余杭区三级为贯彻国家人才战略、提升自主创新能力、服务经济转型升级而专门打造的海外高层次人才创新创业平台，也是中组部、国资委批准的全国四个未来科技城之一。其成功除了"硬环境"的优势外，"软环境"也是不可或缺的一环，值得借鉴之处在于：人才政策优，政策优势并不仅仅是扶持力度大、投入资金多，而是人才政策全面深入地覆盖到人才生活、创新创业的各个方面，让人才工作真正有法可依、有据可查；人才服务细，服务并不是政府代替人才做事，而是让人才创新创业的过程更顺畅、生活得更舒心，余杭区政府"店小二"精神值得推广。

国外引智创新驱动的富阳解读

在浙江华鹰控股集团有限公司有一位老人，他叫克劳斯·菲尔特。他是一位德国人，是国际知名的造船专家，却同时拥有"富阳荣誉市民"的称号。两者的渊源始于 1994 年，那一年，华鹰创始人熊樟友，带着公司制造的赛艇到美国印第安纳州参展，没想到，在展会上被德国同行投诉抄袭设计。作为展会主席，克劳斯来到华鹰的展台进行评判。华鹰董事长没有任何争辩，只是请克劳斯到中国、到富阳来看一看。克劳斯这一来，便被富阳所吸引。一个商场"敌人"，成了"对手"的座上宾；一个世界级的赛艇技术名家，成了富阳人——华鹰的技术总监。而且，这一当，就当到现在，即便他已 80 高龄。

穿城而过的富春江，数千年来，孕育了多少才子佳人、名士大家。而当时序转到人才被誉为"第一资源"、被寄希望于"人才引领创新驱动"的今天，富阳更以优美的环境、强力引才举措、众多创业创新平台、细致周到的服务，引来了众多海内外高层次人才，一江才情，富春涌动。以克劳斯为代表的这些高层次人才，扎根富阳沃土，演绎了一出出以创新引领驱动富阳经济的转型升级、跨越发展的动人故事。

与时俱进抓国外引智工作

富阳引进国外智力工作始于 1999 年，在全国也算起步早的。当时，富阳有工业企业 7000 余家，工业产值比重已占全区经济总量的

60%，光纤通信和造纸逐步成为富阳的支柱产业。但这些企业大部分是在 20 世纪八九十年代发展起来的，科技含量低，经营管理相对落后，自主创新能力差，发展后劲不足。

富阳区委、区政府认为，从实施工业兴市战略的实际出发，从创新驱动发展战略的实施出发，富阳迫切需要培育一批具有较强创新能力和科技竞争力的大企业大集团。"人才引领"的作用，此时此际，无可替代。1999 年，富阳正式启动国外引智工作。10 多年来有了很多独到的举措：

——调整引智结构。从打造现代版的"富春山居图"的需要出发，富阳引智领域深入到商贸旅游业、运动休闲业、现代服务业和新农村建设等领域。在引智项目和专家的选择上，突出重点、讲求实效，找准切入点和突破口。

——拓宽引智渠道。把招商引资与招才引智有机结合起来，实行人才、项目、资金的捆绑式引进，实现人力、智力和物力的双向流动，使引进国外智力工作发挥效益倍增器的作用。

——加强引智服务。引智工作，企业是主体，项目是载体，专家是核心。在人才政策、人才培养、人才引进、经费资助等方面为引智企业提供全方位的服务，对引进海外高层次人才，优惠政策、资金投入，几乎年年快速增加；更好地服务引智项目，项目的选择、申报、组织实施，甚至在成果推广上，无不全力投入，倾心支持；更好地服务外国专家，细到他们的衣食住行……

时至今日，富阳共引进外国专家 486 人次，引进国外智力项目 364 个，获得国家、省、市经费资助 570.53 万元，建立国家级引智示范单位 1 家，省级示范单位 1 家，获得"国家友谊奖"1 人、浙江省"西湖友谊奖"6 人、"钱江友谊奖"1 人。招才引智工作始终走在杭州各区、县（市）的前列。

人才是富阳发展的宝贝

潘洪辉博士先后任职于多家全球知名药企，并在生物药新药研发方面做出过突出贡献。作为一名华人，他一直都希望回到祖国，利用所学所长，为祖国做一点贡献。2012年，潘博士下定决心回国，当时面临四个较好的大企业提供的工作机会。但最后，他选择了海正。在他被评为浙江省"千人计划"人才时，他说了这样的感想：我最终加盟海正，是因为这里有其他公司所没有的条件。

一是富阳区优厚的人才政策和对人才无微不至的服务。在这里，我可以享受到国家、省、市和公司四个层面的优待，多种对人才的优先政策。如"千人计划""海外人才引进计划"等。

二是海正有一个雄才大略的董事长、精益和谐的管理团队、清晰简洁的组织架构，让我可以集中精力做研发，不需要花精力去了解处理与工作无关和无必要的人际关系、行政事务等。

三是富阳是富春山居图的实景地。我印象很深刻的是，2010年作为合作方的雇员参观海正的时候，细雨中的富春江美景，深深吸引了我。美丽的自然环境、独特的城市风貌，优良的子女教育环境，更是让我心动……

潘博士说出了很多加盟富阳建设的人才们的心里话。

一个细节是，因为富阳引入的海外高层次人才较多，富阳于2007年在全省率先成立了区县一级的外国专家俱乐部。除了每年重要节日期间上门看望，还不时请在富外国专家聚会，感受一下富阳的温暖，并尽量帮助他们的家属、子女，尽快融入当地的生活之中。像潘博士的太太，是土生土长的美国人，不远万里携三个女儿来到富阳生活，富阳人才部门几经协调，帮助他们的孩子进入了纯汉语的学校学习。

"人才，是服务富阳区经济社会建设非常宝贵的第一战略资源。我们对海外高层次人才的服务，除了认识、政策、路径、方法等大的方面，要做好工作，一定要坚持以人为本，充分考虑不同国籍人才的语言、习俗、个性、爱好等特点，因人而异、因地制宜地为他们提供人性化的服务。一是建立外国专家库和专家驻富时间表，努力满足他们出行、交通、起居、安全等方面的需求；二是与外国专家建立联系制度，做到多走访、多看望、多沟通，力所能及地帮助解决工作和生活中的困难；三是……"富阳人才部门将以上要求写入制度，如此这般，海外高层次人才怎能不被富阳吸引？

人才引领企业转型发展

"洋为中用、借脑发展"，成为富阳经济转型升级和产业结构调整的重要手段。从浙江华鹰、海正药业，到日月电器、华源电热，富阳引智工作经历了"从无到有"到"从有到优"的发展变化。涉及机械、制造、农业、食品加工、医疗、光通信、材料研制、医药等行业。通过加强国外引智，富阳不断借鉴和吸收最新科技成果和经验，实现了技术和管理的跨越式进步。

克劳斯担任浙江华鹰的技术总监后，浙江华鹰对他的评价是：大智策划，积极推进华鹰有效地实施品牌战略——现在的华鹰，已成为全球最大的赛艇制造商；为华鹰牵线搭桥，引智引资——一家家外国企业与华鹰建立了合作、合资等关系，共存同赢。2004 年，克劳斯获得中国政府对来华工作外国专家的最高奖项——"国家友谊奖"殊荣，这是对他所做贡献的最好证明，也是富阳区人才建设成功的一个最好证明。

同样的情景，还出现在海正药业。目前，海正杭州公司有外籍博士11 名、国家"千人计划"3 人，浙江省"千人计划"6 人，4 位外籍专家入选杭州市"115"引进国外智力计划项目，1 位外籍专家入选杭州市"钱江友谊奖"……引进的外国专家凭借其在国际顶尖制药企业多年的丰富经验，帮助海正建立起了完善的研发、质量管理与生产团队，大大提高了公司的研发、质量、生产管理水平，多个产品和多条生产线顺利通过了FDA、WHO、GMP等国际国内认证，对公司转型升级起到了至关重要的作用。浙江华鹰和海正药业也被成功认定为"浙江省重点企业研究院"。

有很多企业老总认为只有这些高科技的尖端产业或大型企业才能引进国外智力，在富阳则早已突破观念束缚，将国外引智工作从"精英"走向"大众"、从"典型"走向"普及"。

如杭州日月电器股份有限公司通过国外引智，公司规模迅猛发展，实现三个升级：引进自动化生产项目，实现生产技术升级；引进新产品新技术，实现产品结构调整升级；引进新的经营方式，实现生产经营的转型升级，经济效益取得了质的提升。2010年，日月电器被评为省级引进国外智力成果示范推广基地暨省级引进国外智力示范单位。

国外引智工作，已成为富阳区委、区政府实施人才强区战略的重要举措。据不完全统计，富阳开展引智工作以来，引智成果转化新增产值12.1亿元、实现利润9200余万元，国外引智工作的深入实施为富阳区的经济社会发展和转型升级做出了重要贡献。

学者点评

引进海外专家助力本土企业发展，是富阳人才工作的靓丽特色。早在1999年，富阳就开始实施国外引智工作，在全省率先建立外国专家俱乐部。近年来通过不断实践和深化，逐渐显现出政府引导、企业主体、渠道更广、服务更好的系统优势。更值得点赞的是，吸引海外人才到富阳创业就业的引智工作，已经从"精英"走向"大众"，从"典型"走向"普及"，意味着富阳市的人才工作国际化道路越走越宽广。富阳区的经验发达地区可以学习，欠发达地区也可以借鉴：只要有胸襟、有诚意、有措施，一定可以揽天下英才为我所用。

青山湖科技城打造引才聚才主平台

"泼墨百花开，落笔蝴蝶飞。"2009年5月，浙江省科创基地落户临安市青山湖畔。国家森林城市、国家生态示范区临安，从此又被赋予了"绿色硅谷"的意义，放飞了"争创国家高新区，打造千亿大平台"的蓝色梦想。

建设青山湖科技城是浙江省委、省政府深入实施"八八战略"和"创业富民、创新强省"总战略，建设科技强省和创新型省份，推进产业转型升级的重大战略决策。目前，科技城已经累计投入建设资金近60亿元，规划体系和基础配套日趋完善，核心区主干路网全部贯通，城市规划展览馆、孵化大楼、创新服务中心等陆续投入使用，横畈产业化平台和占地133.3公顷的浙商研发总部、科技型中小企业产业化基地加快建设，香港大学浙江研究院等大院名所和高校46家引进落户。经过5年时间的开发建设，青山湖科技城从无到有、从小到大，一座科技新城已经初具雏形，成功创建省级高端装备高新区、省级自主创新示范区，荣获浙商最佳总部基地（园区）、首届浙江省最具发展潜力十大新城等一系列荣誉。

青山湖科技城紧紧围绕"科技智慧临安"目标，完善人才工作机制、创新人才工作载体、强化人才服务保障，突出"招引""激励""服务"三个关键词，送出一系列人才政策"大礼包"，着力打造引才聚才"金名片"，科技城如虎添翼、快速发展。目前，科技城集聚高层次人才 2000 余名，已经成为各类高层次人才创业创新的理想之地。

"600 万元扶持资金让我如鱼得水！"

前不久，北京举办的"2014（第五届）中国留学人员创业园百家企业评选"揭晓，由浙江省"千人计划"人才阙文修创办的杭州塞利仕科技有限公司榜上有名，荣获"创业潜力企业"称号。这不仅是公司的骄傲，也是科技城的骄傲。

近年来，发展可再生能源得到各国的高度重视和支持，光伏产业是一项非常有前景的新兴朝阳产业。科技城迎头赶上，大力发展这个产业。2011 年，阙文修带着"WEM 太阳能电池正面超细栅电极制作装备研发项目"来到青山湖科技城，创办了杭州塞利仕科技有限公司。阙文修多年来从事太阳能电池、光伏设备开发等研究，先后主持了国家"863 计划"项目、国家自然科学基金项目和国际合作项目等重大科技创新项目 15 项。

"万事俱备，只欠东风"，第一轮融资需要 1200 万元，资金问题困住了阙文修的手脚。科技城"四个 600 万"政策掷地有声，经过项目评审，阙文修得到了 600 万元的创业启动扶持资金。他说："这笔扶持资金让我如鱼得水，好多问题迎刃而解。临安以这样的大手笔支持项目，我一定要拿出有分量的成果，回报临安、回报国家！"目前，这家公司研发的 WEM 技术工艺及设备已和全球最大的光伏企业"英利绿色能源控股有限公司"签署了重要的战略合作协议，预计三年内可实现主营业务销售收入超过 5 亿元，带动直接相关产业链产值超过 7 亿元。

为鼓励和吸引海内外高层次人才入驻青山湖科技城创新创业，青山湖科技城制定出台"四个 600 万"引才政策，即 600 万创业启动资金资助、600 万入股投资、600 万政府创业投资、600 万贷款全额贴息。2014 年，科技城先后两次开展高层次人才创新创业项目征集和评审工作，共确定 6 名海内外高层次人才（团队）领衔的 6 个项目入选，其中 4 个项目评审为一类项目，分别给予 600 万元的创业启动资金资助。

"真是一卡在手万事顺心啊！"

拿到闪闪发光的人才金卡，杭州得润宝油脂有限公司白传航高兴地说："我已经了解这张卡的功能了，真是一卡在手万事顺心啊！"

人才服务与人才政策同样重要。科技城除了千方百计招引人才、下大力气激励人才，还打通了服务人才"快车道"，当好服务人才的"店小二"。高层次人才服务金卡，发放对象为各类重点人才，带技术、带项目、带资金、带团队来创新创业的海内外高层次人才，以及有突出贡献或紧缺急需的人才。首批发放对象已经拿到金灿灿的金卡，持卡人凭卡可享受行政审批、人力社保、医疗保健、子女教育、居留落户、健康休闲等方面便利、优质服务。高层次人才一进科技城，就会有"人至如归、人才家园"的感觉。

科技城领导与高层次人才一对一挂钩联系，以制度的形式要求"一周一联系，一月一走访，一季一总结"。科技城专门成立人才服务中心，建立科技城 79 家规模以上企业和 34 家科研院所、研发中心的人才档案，负责"一窗式"受理高层次人才服务保障业务，协助高层次人才办理创新创业相关事务，协调高层次人才政策和制度落实执行等工作。2014 年，科技城深入开展"访企解难题、服务零距离""进百企访人才"活动，共走访企业 550 家（次），全面提升人才服务保障水平。

"你给我一片绿荫，我还你一片森林。"人才云集，风生水起，这就是青山湖科技城。再通过几年的努力，科技城将成为长三角乃至亚太地区重要的科技创新中心和高科技产业化基地。凤凰共舞，梦想同飞，未来将会是何等的壮观和精彩！

"人才房解决了我的燃眉之急！"

"可以摇号了！""我来临安时间不长，这么快就可以买到便宜的房子，很开心！"2014年6月16日，临安市人才专用房摇号现场格外热闹，每个人的脸上都流露出兴奋和期待。符合条件的人才，通过摇号确定选房顺序，马上就可以买到各自的新房。

在杭州福斯特光伏材料有限公司从事研发工作的侯宏兵，是湖南人，在临安工作已经5年了。他满心喜悦："人才房解决了我的燃眉之急，早就想买套属于自己的房子。这次人才房的价格的确很实惠。"

科技城人才荟萃，来自五湖四海，首先得有一个温馨的家，这样才能让人才"安居乐业"。临安市分期推出人才专用房，缓解人才住房困难。2014年首批推出的房源计划总数70套，其中重点企业人才专用房60套，高层次创业创新领军人才专用房10套。人才房按照突出实绩和贡献度的要求，重点企业人才房以企业年纳税额1000万元以上为主要指标，确定申购企业名单及每个企业的配额，共有24家重点企业分到数量不等的人才房指标；高层次创业创新人才房以人才学识和实绩为主要指标。除人才专用房以外，青山湖科技城还逐步安排专家别墅24套，同时，启动人才公寓租住工作，先期推出40套精装修房源，实现优秀人才"拎包入住"。

其实，享受人才房只是激励人才的重要政策之一，青山湖科技城推出的人才政策"大礼包"礼品多多。近年来，定期开展"十佳科技创新人才""企业优秀创新人才""五十佳技能人才"评选活动，其中"十佳科技创新人才"每人奖励6万元。加大"院士专家工作站"补助力度，入站者实施10万元、20万元两档经费补助。出台"高层次人才专项补助实施办法"，分 1000 元、2000 元两档，对企业引进的高层次人才每月予以补助。出台推动工业经济发展相关政策，对取得高级职称或职业资格的工业企业技术人才、技能人才给予奖励。

学者点评

　　"招引""激励""服务"，同样的关键词在临安青山湖科技城似乎格外能发挥出对人才的吸引力，归根到底在于政府的"行动力"，区位、资金、政策等因素也许各地面临的条件不一，很难简单地照搬模式，但临安市政府的"三大行动"是可以普遍推广的经验，这主要体现在：一是招强引优，以信息追踪、产业链招商、以才引才等多种手段组合出击，构建起立体化的招才引智模式；二是配套完善，根据高层次人才的需求规划园区建设，用完善的配套设施和服务来吸引人才；三是环境优化，大力突出临安生态环境等方面的优势，用良好的软硬环境保障留住人才。

二 宁波案例

Ningbo
Cases

宁波海曙区
宁波江东区
宁波北仑区
宁波鄞州区
宁波余姚市
宁波宁海县

创新服务新模式　打造人才新高地

土地资源紧缺，人才分布较散，人口流动迅速……

这些城市 CBD 遇到的现实问题给引才、育才、用才出了一道道难题。如何更精确地掌握人才发展走势、更精准地把脉人才需求，又如何推动人才在最小单位面积上"精耕细作"，产出最大的亩产？海曙区创造出了通过"人才之家"载体精细布局、"人才联盟"网络协调运转、"服务专案"定制精准服务，逐步构建起各行业、各层次人才全覆盖，"总窗＋专窗＋终端"网络全联动，创业创新、后勤保障、情感联系全方位服务的全域人才服务新模式。

人才之家，"嵌进楼宇"的服务明珠

"林总，您上次和我提的金融专业本科以上的实习生，我们和团区委合作找好了，成绩优异，人很踏实，我先把他们的履历发过来，过两天再来您这儿回访。"这样的电话，天一商圈"人才专员"小翁每天要打上七八个。天一商圈辖区 18 栋商务楼，几乎每家企业的人力资源经理都认识小翁。

在海曙，小翁这样从事企业人才服务工作的有不少。在商圈，他们是"人才之家"的人才服务专员；而在他们包干联系的楼宇，他们被各个企业的人力资源经理亲切称为"楼主"。2012 年起，海曙区开始打造起具海曙特色的"人才之家"服务品牌，在各街道、9 层以上高端商务楼宇、11 个核心商圈及产业园区内全面排布起 30 余个"人才之家"服务阵地，配备了近 50 名人才服务专员。

企业情况都是嘴皮子交流来的，精细服务都是脚底板跑出来的。根据"核心楼宇包片，零散楼宇包圈"原则，各"楼主"每周的主要任务就是"扫楼"——深入楼宇主动了解企业人才需求。通过这样不间断的联系，每个人都掌握着自己的一块"家底"：商圈内企业总数有多少、企业人才行业分布怎么样、人才个性需求有哪些。然后把三方面的数据通过商圈人才数据库、新引进人才数据库、人才需求对接库汇总传递给相关部门。

"摸清家底"后方可"量体裁衣"。根据包干区域产业特点、需求类型，人才服务专员每月要定期提供定制服务，诸如为人才代办企业创设、项目申报，等等。同时通过人才之家信息宣传窗和微博、微信公众服务号，每月公布最新人事人才政策、考试培训信息、职称评审信息，及时传递人才工作动态。

跑得勤、想得细，分布密、反应快，"人才之家"无疑已成为海曙人才服务的主流模式，成为企业人才的信息中枢和情感纽带，也为高端人才"淘宝"创造了机遇。

2012 年年末，全区人才之家的"人才淘宝"专项活动正在如火如荼进行之中，中山路商圈中农信大厦的企业为"楼主"小邱举荐了公司技术总监的导师、正有意向从美国回来创业的陈曦博士。得益于小邱详尽的政策介绍以及组织人社部门快速的信息反馈，美国哥伦比亚大学终身教授、世界知名力学科学家陈曦最终选择落户海曙区，并获评成为海曙区历史上首位引进的浙江省"千人计划"专家。

一手搜集大数据，一手联络真感情，运营三年来，海曙区"人才之家"平均每年能提供各类人才服务近万人次，帮助企业解决各类人才问题 500 多个，服务满意率达到 98%，逐步形成覆盖全区的 1000

米服务圈和 5 分钟诉求速递圈。

人才联盟，"两条腿走路"的服务网络

2014 年 6 月，一份《关于组建海曙区人才创业创新服务联盟的通知》送达到全区各职能单位、各街道、商圈人才之家工作人员及区内重点领域人才手中，海曙区人才服务观念上做出了转变。"今后我们要实行的是全域化、全流程、妈妈式的服务，要打造出适合各类人才成长的生态环境，必须全面整合各部门、各单位的力量。职能部门的专业服务和街道商圈的特色服务要学会'两条腿走路'。"海曙区人才办负责人在服务联盟组建会议上这样说道。

两周内，全区 23 个与人才创业创新、生活保障相关的职能部门和 8 个街道作为联盟成员单位，全面设立起人才服务总窗、专窗和终端，并安排专人提供全程服务。海曙区的人才服务，开始进入新的"联盟时代"。

"我们公司今年刚成立，面临大到项目申报、融资贷款、销售人员招聘，小到实验室里想增设水龙头、用电负荷需要加强、新引进的技术总监住宿要解决……林林总总的问题太多了。结果我只给服务总窗递了一张《服务事项流转表》，剩下的都由他们替我代办解决了。"宁波市大未生物科技有限公司总经理陈广进是服务联盟成立后的第一批受益人才企业之一。他口中"林林总总"的问题，总窗在第一时间分别流转至区发改局、人社局、科技局、园区物业公司。第三天，园区人才之家服务专员就带着区发改局推荐的投资机构名录、合作银行名单、融资贴息的政策文本上门送到陈广进手中，区人社局也将销售岗位招聘通知挂上了宁波人才网，又为公司申请了一套刚交付使用的人才公寓。过去给人才开"绿色通道"是费时费力的协调再协调，现在联盟规定的"一杆到底"的政策惠及全区符合要求的人才，所有成员

单位都责无旁贷，有据可依。

"最方便的是科技项目申报，要交什么材料，照着《服务手册》准备就没错。"陈广进口中的《服务手册》是由联盟统一编订的人才服务指南，100余页的手册中汇总了全部联盟成员单位的人才服务事项，每项服务事项的办理流程、需递交材料、办结时间都一一列明。

两周的服务事项流转周期一到，陈广进接到了81890人才服务监督电话，回访各职能专窗的服务是否落实，服务专员操作是否符合需求，并请他为本次联盟服务"打分"。这些数据，都将统计录入系统，计入年终各专窗的考核评定。事项上报、总窗受理、专窗办结、监督回访、数据采集，"一站式"服务背后是一丝不苟、环环相扣的规范流程。

为了最大限度地实现资源整合，海曙已将全区现有的"人才之家"有序纳入人才服务联盟。小终端融入大联盟，实现人才之家特色服务与服务窗口专业服务优势互补。以往那些"排摸易、处置难"的问题，能迅速流转至总窗受理专窗落实，由服务专员跟踪；而各专窗新出台的政策、各类项目申报通知、招聘信息等也能由人才之家快速传递给企业人才，确保流畅沟通。

服务专案，"更贴近市场"的个性定制

刚入驻海曙区留学人员创业园的于英超团队是一支"85后海归"高端创业团队。企业落地后，区留创园立即以《海曙区海外高层次留学人员创业服务专案》为蓝本，为他们量身打造"青年留学人才创业服务方案"。这套方案不仅网罗了企业创设、税务登记、人才公寓住宿等"规定动作"，还涵盖了项目资本对接会、"本地甬商导师团"、"专业中介顾问团"、新材料产业培训课程、区"海创会"联谊平台、"3315"计划、省"千人计划"创业创新项目申报等一整套服务流程，

均与海归高端人才面对大规模融资、快速技术更新、适应本地区产业等迫切需求相吻合。

这样的服务专案还在逐步增加。除了《海曙区海外高层次留学人才创业服务专案》外,《海曙区电商与智慧产业人才服务专案》《海曙区文化创意产业人才服务专案》《海曙区节能环保产业人才服务专案》等正在加紧制定和完善,均为特定领域人才量身打造,其中不仅有企业初创、发展、成熟不同阶段的"服务路线路",还有专为该领域人才创业设计的"一揽子计划"。"我们要把普通服务流程升级为服务专案,今后还要把服务专案变成全行业适用的服务标准,打造海曙区另一个全国知名的'81890'",区服务总窗负责人自信满满地说。

2013年,宁波(国际)电子商务产业园落户海曙,中兴智慧交通研究院、京东商城、甲骨文等智慧企业半年为辖区带来50余位硕士以上学历电商人才,运营、销售、设计等电商产业的紧缺人才,一套个性化订制的电商人才服务专案将为园区解决"以服务留人才"的大问题。

人才服务没有终点,全域服务模式的建设无疑为扩展新的服务领域提供了新的可能性,法律、金融、报关、专利保护、人才评估等方面的服务在不断培育,新的人才服务品牌正在不断孵化。2014年,海曙区首届"电子商务人才节"举办,邀请了韩都衣舍CEO、麦包包CEO等20余位品牌电商巨头与区内电商人才在论坛上共谋发展之道;宁波首家"电商人才网"上线,日点击率已突破4000人次;宁波市首个"专家产业服务基地"落户园区,来自全国各地的专家亲自"坐诊",为人才创业答疑解惑。

随着全域服务模式和人才服务品牌越来越多被全区企业和人才团队所认可,海曙区将逐步形成人才服务生态链,在可预见的未来将会成为全市乃至全省人才服务的重要模式之一,对建立人才"CSD"(人才服务高地）的目标要求，对打响海曙特色的人才工作品牌，实现弯道超车，具有非常重要的意义。

🖋 学者点评

　　人才服务内涵很大，内容很多，事务很细，既要全面覆盖又要细致入微。海曙区敏锐地抓住人才主题需求，从温馨体贴的"人才之家"个性化服务小终端，到集成人才工作相关部门职能大联盟，再到精准的服务方案，将特色服务与专业服务、大联盟和小终端、总窗和专窗有机结合在一起，构建起各行业、各层次人才服务的全覆盖，这种全域人才服务新模式很值得借鉴。

建设人才广场　打造人才市场化配置新高地

2012年9月22日，位于江东东部新城八骏湾的宁波人才广场（人力资源服务产业园）开园，一期建成规模7000平方米，2013年4月，宁波人才广场（人力资源服务产业园）获评全省首个省级人力资源服务产业园区，而这距宁波人才广场建成才仅仅半年多。广场已集聚了24家国际国内知名的人力资源服务机构。经过两年多的运行，广场入驻机构累计实现营业收入约50亿元，税收超5000万元。

帮企业理才

在宁波人才广场的会议室，一场人力资源服务机构和金融行业人才需求的对接会正在火热进行中，杰艾、卡斯达、中智等人才广场入驻企业代表争先恐后走上讲坛介绍各自专业特色，不时引来与会金融机构人力资源经理的询问。在活动快结束时，受邀的东亚银行宁波分行负责人不无感叹地说："早知有这么好的地方，当时建立分行时招人就不用这么辛苦了！"

宁波人才广场建设时，就定位于引进知名优质人力资源企业，为企业实现产业的规模化聚集，为企业提供一站式的人才服务。江东区出台了鼓励国内外知名人力资源服务机构入驻的专项政策，明确企业入驻门槛，对新落户的人力资源服务企业给予前两年100%、后两年50%补贴的支持，对原区属企业入驻园区的延长"一年全免"补助，并从房租上给予入驻企业为期3年6万~75万元不等的补助，以吸引高端人力资源服务企业入驻。

2014年江东区又出台了引荐知名人力资源服务企业奖励办法，对引进、推荐知名人力资源机构落地的单位和个人予以2万~10万元的奖励，进一步强化产业集聚方面的政策优势。同时，制定招商目录，派出招商小分队赴广州、深圳、上海等地开展推介、招商活动，特别加大垂直网络招聘、人才测评、国际猎头等宁波市场缺少的机构引进。先后吸引了世界500强万宝盛华、中国最大的人才测评机构北森测评、全国网络招聘排名第四的深圳一览网络等一批知名人力资源服务企业入驻，基本覆盖了招聘、猎头、外包、培训、咨询、测评的人力资源服务产业链。

宁波人才广场建设，不仅在地理上拉近了原本分散的人力资源服务企业之间的距离，而且通过各类对接活动、联谊活动促进了行业的创新发展，为用人单位提供了全方位、深层面的人力资源服务，实现了用专业人做专业事的目标。2014年还首次承办了市人才科技周期间的创新要素和人才项目对接洽谈会，以人力资源服务为主体，与法律、会计、科技服务等其他关联产业进行"组团"推荐，为人才创业创新提供整体解决方案，对接服务人才项目100余个。

助人才升值

"创业人才是否有具体的评价标准？创新项目是否适合在当地发展？这些是我们以往工作中遇到的难点，倒逼着我们提高人才工作的精准度和实效性。"区委人才办相关负责人表示，随着东部新城的崛起和发展，江东更加渴求与区域发展紧密关联的"接地气"的人才落地创业创新，在这个过程中人力资源服务机构有力推进了企业人才资源的优化配置。2014年江东区组织首届"新城杯"创业创新大赛，吸引了来自全球的 140 个高端人才项目参加，其中 105 个来源于人力资源服务机构推荐，占到总数的 75％。

宁波人才广场建成后，着力发挥入驻企业在人才配置方面的优势，帮助企业引进发展所需的高层次人才和紧缺型人才。出台鼓励"猎头"引才的专项政策，以政府购买、市场运作的方式，对用人单位通过人力资源服务企业从区外引进年薪 50 万元以上高端领军人才的，给予用人单位 50％的"猎头"费用补贴，最高补助可达 20 万元。2013 年出台"江东英才 300 计划"进一步明确规定：人才中介为江东区引进创业类海外高层次人才，并成功入选国家、省"千人计划"和市"3315 计划"人才或团队的，每个最高给予引才奖励 60 万元，创新团队减半。"

人才广场还积极依托企业公共服务平台，定期排摸汇总区内行业骨干企业的人才状况，定期组织用人单位与人力资源服务企业对接洽谈，开展人才猎头、人才咨询、人才外包、人才培训等合作。先后举办各类人才对接会 16 场次，为 500 余家企业解决相关人才引进培育问题。如杰艾人力协助一企业完成关键岗位人才引进，使该企业 IPO 计划顺利推进。主动"走出去"引才，根据企业人才需求，组团到欧美、香港以及上海、杭州等地，引进中高端创业创新人才，并通过"柔性引才"方式大力引进"海外工程师"5 名。如帮助区内的泰立电子引进"海外工程师"马丁·卡弘，已为公司解决工艺、技术难题 3 个，立项开发新产品 14 个，新增产值 500 余万元。据不完全统计，广场入驻企业已累计为千余家用人单位引进各类高端人才近 2000 名，其中年薪 15 万~30 万元的人才 1000 余人，年薪 30 万~50 万元人才 100 余人，年薪 50 万元以上人才 50 余人，使人才的价值得到了更大的体现。

一份适合的工作

"我们一年为将近 2 万人寻找到合适的工作。"提到这个数字，杰博人力的公司业务总监陈龙云颇为自豪，但他认为，这仅仅是一个开始。由于工作需要，陈龙云经常会在全国各地出差，时常出没于火车站、机场、码头，看到最多的是流动人群，他认为，中国的变化取决于这批流动的人走到另一个台阶上去。"这背后的推动力一定离不开人力资源服务，这就是我们的价值。"陈龙云说。

江东区依托宁波人才广场平台，借助市场的力量给每一个劳动者提供合适的工作岗位。通过在《人才市场报》定期刊登江东区优秀人力资源服务机构专访，大篇幅宣传报道行业骨干企业，让更多的人认识了解人力资源产业。通过定期举办招聘活动，在《宁波日报》《宁波晚报》等媒体进行产业宣传，有效打响了"人力资源服务产业在江东"的品牌。同时，整合发改、人社、工商等各类服务资源，建立"人才之家"，配置了公共服务中心、人才测评室、人才洽谈室等 10 余个服务区块，安排人力资源协会、人才服务中心等进驻，推行"公共技术服务""投融资服务""商务服务""代理服务"等"4S"服务模式，为各类劳动者就业提供综合服务。针对落户人才创业创新存在融资难的问题，通过举办项目推介会、合作洽谈会等方式进行资智对接，引进创投、风投、天使投资等金融机构对人才提供资本支持，推动创业人才与创业投资有效对接。如意大利杰艾公司就设立天使投资公司，先后注资 20 余家企业，助推企业成长。2012 年以来，广场入驻人力资源服务企业为全市企事业用人单位推荐、招聘成功各类人才 5 万余人次，派遣人才 10 万余人次，培训各类人才 1 万余人，为上千家用人单位提供人力资源管理咨询，为百余家用人单位提供人才测评。同时，免费为高校应届毕业生讲授职业规划，举办包括校园招聘在内的人才交流会 50 余场，推出岗位 3 万余个。

建设宁波人才广场不仅仅在于促进一个行业发展，也不限于提供多大的税收贡献，最大的价值在于让每一个普通的劳动者都能够在这里寻找到一份适合的工作，助推个人中国梦的实现。

学者点评

"用专业的人做专业的事"。宁波市江东区以市场化、专业化的途径建立人才服务新体制，把原本属于市场的职能归还市场，顺应了各级政府人才工作今后要强化服务、提高质量的大趋势。原本分散且各具特色的人力资源服务企业集聚于人才广场，既竞争又互补，提供各种专业化服务，可以提高服务水平和质量，可以降低引才育才成本创造直接效益。广场的人才服务以企业为主体，政府仍然可以也需要发挥引导作用。在江东区的案例中，我们也看到政府"看得见的手"通过市场"看不见的手"发挥了引导和推动作用。尽管人力资源服务产业园区有一定的辐射半径，不是每个县（区）都要建立，但以市场化路径强化人才服务的大方向是各级政府都必须考虑的。

打造助力企业创新转型的"海外军团"

汉斯·沃泊博士，来自德国汉堡，现任宁波双马机械工业有限公司首席技术官，2014 年入选国家"外专千人计划"，成为北仑区首位获此殊荣的外籍专家。自 1987 年从荷兰引进农业专家，专门指导一家花卉企业栽培和改良"西洋杜鹃"开始，北仑区已累计引进外国专家近 5000 人次，有 75 人次分别获得"国家友谊奖""西湖友谊奖"和"茶花奖"等荣誉，初步形成了"外专涌流、智汇大港"的良好局面。

现今，在北仑这片开发开放的热土上，有越来越多像汉斯·沃泊博士的外国专家活跃在全区智能装备、电子信息、生物医药等各个产业，为区域产业的转型升级和技术提升注入新的动力。

创新企业引才模式

2012 年以来，北仑区坚持规划引领，相继出台了一系列人才政策，助推企业引进海外工程师工作。启动了海外工程师引进"3150"计划，到 2016 年年底，力争新引进 3 名国家"外专千人计划"专家，150 名掌握国际先进技术且技术成果能够填补国内空白的外国专家，推出了建设"海外专家集聚示范区"的"954"工程，并每年安排1000 万元专项资金专门用于海外工程师引进和奖励，逐步形成了海外工程师引进的区域规划优势。

海外工程师政策的优势，加大了企业引进外专的力度，越来越多的企业将目光瞄向海外，争夺本行业内的国际顶尖专家。爱默生，美国钢琴大师，负责海伦公司自主品牌钢琴的设计开发。2005年，爱默生设计开发的HG178型三角钢琴成为第一架进入维也纳金色大厅的亚洲钢琴，次年，这款钢琴凭借完美的音色，成为维也纳金色大厅的"永久居民"。

从北仑企业海外工程师引进的方式来看，不同企业在其发展的不同阶段都有各具特色的模式。

"初创期的技术支撑模式"。以海伦钢琴公司为代表，在公司发展初创期，就先后引进法国、奥地利、日本的钢琴设计、制作、调音、整理检验大师，帮助企业实现创建自有品牌、提高产品质量的目标。从2004年开始，在短短10年时间内，海伦钢琴实现了从贴牌加工到自创品牌再到成功上市的三级跳。

"转型期的技术攻坚模式"。以维科丝网为代表，通过"导师带徒"的方式组建研发团队，加快丝网产品的研制，实现由传统纺织织造企业转变成为中国第一、世界第五的丝网生产厂家。

"瓶颈期的产品升级模式"。以成路集团为代表，通过引进汉斯·沃泊博士，利用其混炼注塑领域的丰富研发经验和独创技术，通过技术再创新，完成新型产品技术攻关，实现产品的替代进口，公司进入新的快速发展期。

"扩张期的项目合作模式"。以海尔施公司为代表，通过引进以美籍专家吴勇博士为核心的美国生物制药创新团队，短短13个月内就开发出了8个分子检测试剂盒并申报了18项发明专利，这些产品量产后，每年可为公司新增销售收入3亿元。

海外引才有渠道

企业有了实际可操作的引才渠道和引才模式，关键还是找到适合本企业的外国专家。"铝压铸过程中产生气孔、误差问题的主要原因是生产设备质量、操作员水平和加工工具精度未达国际标准，要解决这个问题，一方面要优化设备质量，提高加工工具精度，控制原材料质量，另一方面还要注重一线人员培养。"这是一位来自德国的外国专家在华朔模具有限公司举行的现场诊断会上的发言。这是北仑区海外人才科技周活动的一项专项活动。在北仑首次举办的海外人才科技周活动，吸引了来自德国 SES 高级专家组织、澳中文化教育交流中心等 5 家知名海外机构前来洽谈，并有德国、意大利、澳大利亚等国家的 10 余位专家和区内 36 家引智重点企业举行了对接活动，通过"现场把脉、行业会诊、合作签约"等形式，帮助企业解决共性难题，突破产品质量瓶颈，提高产品核心竞争力，推进产业转型升级。

北仑区还积极搭建各类平台，助力企业引智。借力海外招商和合作招才。充分发挥宁波开发区在美国、日本等驻外办事处及企业驻外机构等海外招商平台以及优势，积极推介北仑区海外引智的政策和创业环境，吸引海外工程师前来北仑创业创新。同时，专门聘请两名海外引才大使，发挥其资源及人脉优势，直接为企业引进海外工程师。委托专业化人力资源中介机构招才。启动了 15000 平方米的北仑人力资源产业园区建设，吸引了 29 家国内外高端猎头公司和人力资源公司落户，为企业引进所需的海外工程师提供专业服务，使之成为海外引智的"主力军"。出台人力资源产业扶持专项政策，对引进国家、省"千人计划"和宁波市"3315 计划"的海外人才和符合条件的海外工程师，分别给予人力资源服务机构奖励和资助。

让外国专家有归属感

戴宁思，新西兰人，2005 年加盟宁波开发区中心医院后，一干就是 9 年。"每天都有外国朋友找上门来。"戴宁思说。他所在的涉外特需门诊年平均接诊量有 500 余人次，这是北仑区专门设立的由国外医疗专家领衔的国际门诊，为区域内的外国专家提供及时、畅通、便捷的医疗服务，有效帮助他们解决了就医难的问题。

为更好地服务在北仑的海外工程师，北仑区依托"海外高层次人才服务联盟"，为其提供专业化、特色化的专项服务。建设了国际化居住社区，设立了爱学国际学院、滨海国际学校等国际化学校，有效解决了外国专家居住、子女入学等工作、生活方面的后顾之忧。引导外国专家自发成立了"外国专家俱乐部"，规范了登记管理和专家联谊制度，实行了外国专家轮值管理，定期组织专家开展联谊沙龙、文化交流等活动，让更多的外国专家融入北仑，增进了解。开设了全省首个区内"外国专家证"办理窗口，为外国专家引进的申报、审核和补助发放以及后续需求提供"一站式"服务，解决外国专家多头跑、往返跑难题，也为企业引进外国专家提供了便利。北仑区还建立了区委、区政府领导结对联系重点外国专家，不定时走访慰问，协调解决实际困难。

海外工程师们已经成为助力北仑经济社会发展的"海外军团"。自 2012 年以来已经累计实施海外工程师项目和引智项目 73 个，为企业研发和设计新产品 177 项，申请专利及专利授权 116 项，解决技术难题百余项，填补国内技术空白 45 项，累计帮助企业直接新增产值 19.8 亿元，新增利税达 1.5 亿元。外国专家主动承担起"导师带徒"责任，培养出了一批杰出的本土人才和创新团队，使企业具备自我创新、深度创新的造血功能。

学者点评

　　北仑的经验表明，引进"海外军团"是助力企业创新转型的有效路径。北仑区致力于打造海外工程师集聚地，逐渐形成特有的模式，与产业生命周期相匹配。初创期的技术支撑模式、转型期的技术攻坚模式、瓶颈期的产品升级模式、扩张期的项目合作模式，这些成功探索，为北仑区引进了一大批发展急需的高端人才和智力，为今后北仑跨越式发展，构建"人才港"打下了坚实基础。

加力打造一镇一"千人"品牌

新城区的楼宇每一天都在长高，院士工作站、企业技术中心每一天都在扩大，南部商务区的"总部经济"每一天都在增强，摩米创新工场、中国工程物理研究院宁波军转民科技园、清华长三角宁波科技园、创新128园等创业创新平台集聚起的"智慧"每一天都在提升……经济新常态下，鄞州以更有力的臂膀擎起每一天新的朝阳。

鄞州的勃勃生机从何而来？"人才是第一资源"，在这1346平方千米的热土上汇聚着超过16.9万名的人才。

鄞州的人才工作如何有力推进？答案就是将工作触角延伸至一线，集结起基层的力量。特别是自一镇一"千人"行动启动以来，全区新增各级"千人计划"96人，覆盖乡镇已超60%。

基层人才工作网络：全面覆盖

乡镇（街道）、园区在建设人才强区的整体战略中具有十分重要的地位和作用，是海外人才项目产业化后的主要落脚点，处在服务海外人才创业创新的第一线。

2012年，鄞州区一镇一"千人"行动应运而生：各镇乡（街道）、园区全部成立人才工作领导小组，党（工）委书记担任组长，专职副书记担任副组长，并提出要在5年内实现每个镇乡（街道、园区）至少拥有1名市级及以上"千人计划"或"创业鄞州·精英引领计划"专家。

根据产业基础和资源禀赋，鄞州将镇乡（街道）、园区划为三类，相应设定"高"（省级及以上"千人"）、"中"（市级及以上"千人"）、"低"（区计划人才）三档引才目标。还出台人才工作量化考核办法，对"千人计划"专家引育工作另设5分附加分，考核结果与奖金挂钩。

与此同时，鼓励各镇乡（街道）、园区为高层次人才创业创新搭建平台。

——首南街道借力南部商务区，把发展新兴产业作为新的经济增长点，建设了3400多平方米的首南科技孵化园区。

——集士港镇开发了集士芯谷创意产业园，依托鄞西产业优势，大力引进工业设计、软件研发等新业态。

——龙观、章水等农业乡镇，借助农科所院士工作站高端人才与农业企业合作攻关，并通过项目引进人才。

人才工作由主要依靠区级单位向区、镇两级并重转变，形成了"上下联动，横向贯通"的海外高层次人才引进培育工作合力，逐步破解海外引才落地难等问题。

基层服务人才水平：提档升级

高质量的人才资源炙手可热，如何吸引人才、安置人才、留住人才、盘活人才，考验了引进人才的措施和它所提供的创业环境。

一镇一"千人"行动对各镇乡（街道）、园区如何服务高级人才提出了要求：必须建立主要领导联系高层次人才制度，及时了解人才的生产生活需要；必须要为高层次人才提供场地租赁、政策咨询等服务；必须要有定期座谈通报制度，掌握企业的引才需求和用才困境，探索为人才提供务实管用的服务保障。

留日博士后宋伟杰回国后一直在研究高性能氧化锌基溅射靶材产业化项目。项目落户望春工业园区后，得到园区方面的全力支持。中试车间和研发中心已经建设完成，2014 年年底生产线投产。

"如果没有地方政府的支持和快速响应的话，我们很多东西都做不成，比如说 2014 年我们在厂房建设中发现电的容量要增加，望春工业园区给我们开了绿色的通道，很快就得到了落实。"这是宋伟杰的切身体会。

"我经常跟很多海外朋友说，来鄞州看看吧，这里的基础设施、环境也非常好，政府效率非常高。"这句话，是国家"千人计划"专家、留美博士唐昊常常挂在嘴边的。

唐昊专攻具有世界领先水平的集成电路封装工艺与材料，是集成电路先进封装技术与材料研发中心主任，最终选择加盟鄞州浙江清华长三角研究院创新中心。由于设备对厂房有着特殊的要求，潘火街道主动与鄞州区委人才办一起帮忙物色合适的厂房；从国外进口二手设备在海关遇到难题，街道又立即请示，上级帮助协调解决；落户鄞州第七天，唐昊就拿到了鄞州区人才公寓钥匙。

基层人才工作活力：整盘激发

从工业经济时代迈入知识经济时代，人才聚集模式也从产业吸引人才，转变为人才引领产业。一镇一"千人"行动使基层、企业意识到转型发展与人才资源的重要性。

中河街道对列入市级及以上"千人计划"海内外高层次人才的，给予区政府政策 10% 的配套补助；规定企业每聘用 1 名院士，补助 1 万元；引进一名享受国务院特殊津贴人员，补助 5000 元。

首南街道每年都安排专项人才资金重奖企业"引智"。目前，街道辖区内有国家高新技术企业 19 家，完成专利授权 230 项，其中发明专利 34 项；完成发明专利申请 110 项。2014 年上半年，新申报省级、市级、区级"千人计划"共 9 名。

两年来，各镇乡（街道）、园区共组织了 1000 余次企业参加的各类招才引智活动，200 余家企业找到了所需人才与项目。宁波市"企业技术咨询与项目合作对接洽谈会"等活动，鄞州区有几十家企业的老总主动参与，参与规模为全市最大。"海外清华学子浙江行"宁波（鄞州）专场活动，镇乡（街道）、园区、企业又踊跃参与、积极对接。

与此同时，区、镇联合举办三届"创业鄞州·精英引领活动周"，通过开展政策及环境推介会、海外精英创业行等活动，为基层拓宽引才渠道创造条件。两届活动周共吸引 400 余名海内外高端人才参会，达成项目合作意向 224 个，评选出 71 个区"创业鄞州·精英引领计划"专家并逐步落户到各镇乡（街道）、园区。

在此基础上，鄞州连续两年与"家门口"8 所驻鄞高校（2014 年扩充到驻甬 12 所高校）开展了人才科技产业合作活动，实施"一镇一校"子活动。目前，半数以上镇乡（街道）、园区与驻鄞高校建立稳定合作关系，校地共建各类产学研平台 25 个，开展合作 135 项。此外，近百名专家教授成为镇乡发展的"智囊团"，其中 50 名还担任了企业的技术顾问或研发负责人。

基层引才用才效应：持续放大

一镇一"千人"行动的推行，使基层重才、爱才、用才的氛围更加浓厚，已引进落户"千人计划"专家的引领、示范和带动作用充分显现。

高层次人才通过一镇一"千人"行动直接到基层创业创新。

22 个海内外高端人才团队进驻位于潘火街道的鄞州浙江清华长三角研究院创新中心、中国工程物理研究院激光所等高端科创平台，并帮助街道孵化出健智科技、浪潮电子、巨铭信息等 6 家高科技企业。

国家"千人计划"鲍海明来到了望春工业园区，几年下来，热解气化炉技术、二噁英去除处理技术和垃圾剩绿叶处理技术被一一攻克，申请了 40 余项国家专利。公司由此成为国内固体废弃物热解气化焚烧领域规模最大、技术最优的环保企业。

美国佐治亚理工学院航空航天系教授俞敏峰博士来到了首南街道。其创建的宁波微极电子科技公司，推出的"微纳精度三维制造技术及其产业化应用"项目，使3D打印技术跃居国际领先水平，打破了国外技术和产品的市场垄断。

人才与企业一拍即合，放大了智力资本的乘数效应。

省"千人计划"张日红博士来到了鄞州经济开发区。在他的帮助下，浙东建材集团顺利推出竹节桩和复合配筋桩产品，填补了国内桩基础施工领域的空白，帮助企业成功跻身中国建材行业20强。

宁波南车新能源科技有限公司总工程师阮殿波博士等5个团队、200名专业技术人才来到了五乡镇，使南车落户不到3年就签约和建设、投产项目15个，完成工业投资20亿元以上。

一镇一"千人"行动，进一步增强镇乡（街道）、园区推进工作的主动性、自觉性和责任感，催生了绵亘至今并愈演愈烈的"人才潮涌"。期待在一镇一"千人"行动的指引下，有更多的"国际人""海归派"到鄞州落户，并开花结果。

学者点评

高层次人才的创新驱动效应如何能够在区域经济的转型发展过程中彰显出来？人才基层平台的作用毋庸置疑。宁波市鄞州区打造的一镇一"千人"品牌行动，在一定程度上打造了高层次人才"施展自身才华、凝聚创新资源"的有效平台。当然，人才平台作用的发挥，除了政府前期的投入，更需要未来发挥市场在人才资源配置中的决定性作用。我们期待鄞州区一镇一"千人"品牌行动能够吸引更多的社会资源，为高层次人才提供持续创新的动力，更好地服务本区域经济的长久发展。

"千人计划"产业园的"聚才经"

2014年，中国第一炉超高纯钛在余姚的"千人计划"产业园里下线，预计电子级低氧超高纯钛年产可达到250吨，填补我国相关产业和技术空白，也打破了发达国家对这一项目的垄断。

我国第一个集成电路制造用铜、铝、钛、钼、钽等超高纯金属材料及溅射靶材生产基地诞生余姚，成为除日本和美国等少数几个国家之外掌握此项核心技术的国家。

……

一个个"第一"绽放在浙江东部一个县级市余姚，并非偶然。

近些年，余姚大力实施"人才强市"战略，克服小县城人才缺失的短板，全力打造浙江省首个"千人计划"产业园，依托"千人计划"专家的领军作用和人才集聚效应，引智"最强大脑"。

2012年9月，宁波市委、市政府专门授"宁波'千人计划'产业园余姚园区"牌子，2013年4月，省委人才工作领导小组又正式授"浙江'千人计划'余姚产业园"牌子。仅两年多时间，"千人计划"产业园已签约或正在跟踪洽谈的海外高层次人才项目达98个，其中国家"千人计划"项目69个，省"千人计划"项目8个，已注册落户项目30个。

人才布局瞄准"最强大脑"

"千人计划"产业园的"种子"是在 2005 年夏天埋下的。

那年，留日博士姚力军辞去了世界 500 强企业高管的职务，带着 40 个集装箱和 1 个散货船的设备来到余姚，办起了宁波江丰电子材料有限公司。同时带来的还有多名海归博士、日本专家和 5 项半导体材料的核心技术。

中国当时还没有生产半导体工业用溅射靶材的先例，相关企业所使用的超高纯金属材料及溅射靶材全部依靠进口，市场完全被日本和美国的跨国公司所垄断。余姚看中科技的后发力，倾力扶持这位海归专家创业，最终填补了国内产业及技术空白，累计申请发明专利 200 余项，销售连续 5 年翻倍增长。

高端人才落地成功，给了余姚市委、市政府的决策者们很大启发：引进一名"千人计划"高端人才，意味着带来一个创新团队、催生一个新兴产业、培育一个新的经济增长点。

一个大胆的设想产生：通过海外高层次人才的广泛人脉和国际影响力，加上余姚雄厚的产业基础和政府的科技人才政策，建一个"千人计划"产业园，吸引一大批高层次海归创业团队来姚创业发展，既可以发展战略新兴产业，又可以促进余姚的产业转型升级，同时又带动了相关的上下游企业发展。

"我们与国外的差别主要是在科技创新上，尤其是核心科技。如果我们把那些掌握世界核心技术的人才和团队引到中国来，引到余姚来，再帮助实现产业化，转化为生产力，贡献该有多大呀！"决策者这样规划。

2012 年，"千人计划"产业园正式启动建设，园区定位在围绕新装备、新材料、新能源、电子信息、生物医疗等五大战略性新兴产业，重点引进并支持一批"千人计划"专家和掌握核心技术的海内外高层次人才来余姚创业。产业园总规划面积约486.7公顷，按照孵化基地、中试基地和产业化基地"一园三基地"的建设思路，分点布局，同步实施。

展开"千人计划"产业园的蓝图，可以看到余姚人才布局所打造的未来雏形：

五到十年，余姚"千人计划"产业园将"引进100名千人计划专家、形成1000亿元高端产业基地"，争创国家级"海外高层次人才创业创新基地"。并探索建设人才管理改革试验区，在更高层面提升园区集聚资源要素的能力。

人才引进击中"柔软神经"

"五到十年吸引100名千人计划专家"，这个数字从全国的角度看，也不多见。要知道，这些人才大多掌握着世界前沿科技，项目多半也为世界领先的原创项目，有的甚至填补了国内空白，"抢手度"不言而喻。

余姚凭什么自信能"引得金凤凰"？

在余姚看来，吸引高端人才除了城市区位等综合实力，更要击中人才切实需求的那根"柔软神经"，也就是打造一个适合人才发展创业的大环境。

在"千人计划"产业园里，成立短短三年的宁波江丰生物信息科技有限公司成功开发出具有国际一流水准的医疗影像及数字病理系统，创造了"创业史"上的一个传奇。

快速成功，得益于余姚为高端人才开辟人才创业创新"绿色通道"。余姚在高端人才项目上，在土地落实、项目立项、公司注册等方面都实行特事特办，建立主要领导直接联系项目机制，牵头协调解决项目落户、建设过程中存在的实际困难与问题，形成项目攻坚的强大合力。就连"江丰生物"负责人自己也不敢相信，他们公司从项目注册到开工，只用了短短两三个月的时间。

资金是创业者共同的难题，江丰生物也不例外。

作为一个纯科研的团队，江丰生物所有的家当就是几个专家手里的技术。可是一到余姚，他们便首先拿到了 500 万元的种子资金，项目顺利上马。

余姚专门出台《关于建设人才特区打造人才高地的意见》，开出了打动人心的"最优政策"：对引进高层次领军型人才所创办的企业，视项目情况给予最高 500 万元的创业扶持资金和最高 500 万元的创业种子资金支持，并自企业创办之日起三年内，给予最高 500 万元银行贷款额度同期贷款基准利率的全额贴息补助。对具有世界一流水平的创业创新团队，可以实行一事一议。即使从整个长三角地区看，这一数字也堪称大手笔。

同时，余姚对高端人才在户籍办理、医疗服务、子女就学、家属就业等方面给予优惠待遇，增强了引进人才的归属感和认同感。

在余姚创业的硬环境吸引人，创业的软环境更打动人。

世界范围内少有的超高温等离子技术及粉末冶金专业的一位留日博士专家，拥有多项世界级的专利，不久前，他辞掉了日本优厚的待遇准备来余姚创业。但恰恰在这时，突发心脏病，不得不住院医疗。得知这一情况，余姚派专人赴日探望，专家热泪盈眶："没想到你们这样看重我，余姚是真的求贤若渴！"

人才扎根依靠"构建产业"

尽管"千人计划"产业园建起，引才政策大手笔出台，可余姚并不饥渴招才，而是设置了"高门槛"。

余姚的引才标准并不是简单的"千人计划"专家或具有同等水平的创新创业团队，而是从产业角度来选择专家和项目，强调能否助推余姚经济的转型升级，或者是能否构建一条高质量的产业链。

2012 年，国内唯一手握高纯钛提炼技术的"千人计划"专家吴景晖第一次来余姚，不过，他只是单纯地来为自己的产品找客户而已。

那时，吴景晖的高纯钛项目已经在无锡物色好了地块，准备签约投产，生产出来的高纯钛想销售给余姚"千人计划"产业园里的宁波江丰电子材料有限公司，用来生产半导体工业用溅射靶材。

两家公司的谈话是从买与卖开始的，可是半个小时后，连吴景晖自己也没有想到，对话变成了商量着如何到"千人计划"产业园里落地，共同构建一条"原料—半导体—芯片"的全产业链条。

"有了产业基础，产品就没了后顾之忧。"吴景晖毅然决定放弃无锡的地块，几个月后带着项目出现在了余姚"千人计划"产业园，正式创办宁波创润新材料有限公司。2014 年第一批高纯钛下线，立马送进了宁波江丰电子材料有限公司的实验室，研制新款的半导体。

吴景晖的选择，佐证了余姚"千人计划"产业园引人"门槛"的长远智慧。

余姚决策者调研发现，专家进来了，能不能长久扎根是门学问。很多专家出来创业，企业做大后，往往因为当地产业配套不足而不得不转移阵地，如果一开始就能把这些因素考虑进去，不仅可以把人才留下，而且相关联的人才还能自己"飞"进来。

2012 年 11 月，余姚聘请"千人计划"专家、宁波江丰电子材料有限公司董事长姚力军和全国政协海外特邀代表、美国全芯科技有限公司徐德清为"引才大使"，根据构建自身产业链的需求去吸引新的专家项目。

余姚还为专家项目专门建"子园区"，引进产业配套，让项目扎根。

机器人产业是余姚实现"机器换人"、产业升级的迫切需求，国家"千人计划"专家甘中学博士带着他的机器人智能控制器系统落户余姚"千人计划"产业园。余姚依托甘博士的项目，专门规划建设了"千人计划"机器人产业集聚园区，着力打造以"机器人、专业机器人系统、机器人柔性自动化生产线、智能云工厂"为核心的机器人产业链。

目前，机器人产业园已引进国家"千人计划"专家领衔的装备制造项目5个、总投资5.45亿元。

学者点评

余姚市挂牌成立国内首个"千人计划"产业园，围绕新装备、新材料、新能源、电子信息、医疗器械等战略性新兴产业开展招才引智，无疑是浙江省创新型团队引才较为成功的尝试。高层次人才引进应与时俱进，要从过去注重引进领军人才到更加注重引进创新型团队，从过去注重招才引智到更加注重产业引才聚才，产业转型升级与人才引进集聚的一致性和互补性，能够充分发挥人才的集聚效应，放大人才引领产业的乘数效应，实现早出成果、出大成果。

转型奋进之城的人才呼唤

以模具、文具、五金工具等产业出名的宁海，一批生物医药项目纷纷落户：宁波国际生物医药研发培训中心项目、人源抗体药物筛选中心项目、中科院上海药物所宁波生物产业创新中心，还有一批相关项目正在洽谈中。

而为宁海带来和引来这些项目的，是大批海内外高端人才。

实现跨越发展，关键靠人才来支撑。宁海近年来倾力打造人才平台，出台专门规划和人才政策，单是每年在资金方面的投入就达1亿元。重大人才开发、各类紧缺人才培养工程、人才创新创业的择优资助……宁海以一种时不我待求贤若渴的精神筑巢引凤，助推地方经济发展。

构建平台吸引高端人才

2008年6月，宁海首个博士后工作站落户宁波双林汽车部件股份有限公司。美国密西西比州立大学工程机械专业李峰博士，从大洋彼岸回到祖国，在双林博士后工作站开始了汽车零部件行业民族品牌的研发事业。

担任公司研发总监后，李峰随即投入到双林汽车座椅及核心部件的研发与产业化当中。在他的带领下，研发中心团队展开了汽车座椅四极电机项目的研发工作，汽车座椅滑轨、汽车手电动座椅等项目也逐步推进，折叠机构、座椅电机、豪华汽车座椅及后视镜位置记忆模块等一系列产品先后推出，双林也相继获得了通用型汽车手电动座椅滑轨等3项技术专利。

近年来，宁海通过建设博士后工作站、科技研发机构等柔性引才特色载体，引进一批国内外高层次人才作为重大项目、重点学科和重点实验室的领军人物（或者政府高级顾问），在高端人才的引领下，有效破解了很多产业转型升级难题。

针对宁海高新技术产业、新兴产业等领域人才缺乏的情况，实施创新团队建设工程，以高新企业产品研发中心、工程技术中心和科技研究所为主体，大力推进企业创新人才团队建设。2013年10月，宁海县在美国和加拿大分别设立海外人才引进联络点，为生物医药、低碳技术研究等领域的留学人员回乡创业提供服务。该联络点成立以来，已引进美国一家公司投资1300万美元的生物医药研发中心项目，并将带动由近20名海外专家组成的研发创新团队入驻宁海。经过近几年的努力，宁海招引和培育的各类人才总量已达到11.3万人，并吸引了8个国家的52名海外工程师来宁海创新创业。同时，全县还建立了3个院士工作站，2个博士后工作站和2个博士后扶持站，19家市级企业创新团队。

借助外脑提升特色文化

模具是宁海的传统产业，作为"中国模具生产基地"和"中国模具产业基地"，目前，全县拥有模具专业制造厂家500余家，模具加工企业和模具车间2000多家，模具技工3万多人，从业人员5万人左右，年产模具近4万套。2013年宁海县模具总产值达到60余亿元。

这样规模的模具行业要再做精做大做强，人才无疑是关键之关键。且看人才科技周上宁海人上演的"追星"一幕——

在先进成型与材料加工技术国际研讨会上，宁海几十位模具企业技术人员纷纷把自家看家产品的样品实物拿出来现场请教，请专家当场解答。当日本专家为宁海第一注塑模具技术疑难问题做完解答后，企业技术人员还意犹未尽，硬是挤上车继续交流直至专家到下一个点才罢休。德科精密模具代表在意大利专家即将回程的时候，特别提出要求专家到企业实地再指导一次。

宁海人对模具人才的渴求由此可见一斑。为了吸引模具人才，近年来宁海以人才集聚提升模具产业规模和水平，着力打造长三角模具人才高地，推动县域经济的转型升级。

在宁海县第二届人才科技周上，200多名海内外制造业专家齐聚宁海，共同研讨和推广先进成型技术，并与当地制造企业对接，解决生产中的实际问题。各类模具资源汇聚宁海，成为模具高端人才的嘉年华，为宁海制造业的加快转型打开了一扇窗户。

校企合作结出丰硕成果

中国科学院院士申长雨是我国塑料模具领域唯一的院士。申院士所在的郑州大学，无疑在塑料模具也是独树一帜。2011年，宁海人以求贤若渴的精神和真诚打动了申院士。当年9月，首家由申院士主持的院士工作站在宁海第一注塑模具有限公司成立。院士工作站建立后，9家模具企业与申长雨院士所在的郑州大学进行了项目对接，双方围绕模具设计、制造、热处理等进行深度合作。院士工作站成为校企产学研合作的"基地"，为模具行业攻克核心关键技术、促进科技成果产业化、培养创新人才等提供有力支撑，对促进宁海县主导产业转型升级发展意义深远。

通过"走出去、引进来"的方式，宁海与国内22所高校进行人才开发合作，向高校借智引才，与高校签订人才科技合作协议，建立大中专毕业生实践基地。创新开展订单式培养，东方日升新能源股份有限公司与贵州商业高等专科学校合作，建立 3 个订单班。订单班学生的课程，由贵州商专按照公司用人标准专门设置。企业除了负责出资，还为学生提供实习场所和就业岗位。通过订单班模式，企业找到了需要的人才，学生找到了满意的工作，同时促进了学校的教学改革。

宁海还创新举措，聘请高层次人才来宁海从事兼职、咨询、讲学、科研和技术合作等服务。宁海县盛源激光科技有限公司与北京工业大学合作，不仅引进了人才，而且促成北京工业大学激光工程研究院把承接的大飞机（样机）的激光铝合金焊接项目放在宁海实施，作为国家产学研激光技术中心唯一产业基地，宁海盛源激光有限公司因此成为大飞机项目的配件供应商。

与此同时，以项目引进带动科研团队引进，推行捆绑式开发科研项目、股份制深化产学研合作，宁海这些"升级版"的人才引进策略，更是逐步在自主创新、增强科技竞争力的高平台上"聚集聚变"。

学者点评

转型升级模式主要有两种：传统行业的提升和新兴行业的引入。宁海"双管齐下"，既在原有产业基础上通过人才和创新资源的引进促使企业转型升级，又下大力气开辟全新的"朝阳产业"，而这两者的交汇点就是"人才"。一个人才的引进可能拉动整个行业的飞速发展，这种发生在身边的案例对当地的企业会产生巨大的示范作用，促使人才工作由政府政策推动变为企业自主驱动。

三 温州案例

Wenzhou

Cases

温州龙湾区

温州永嘉县

温州苍南县

主打"感情牌" 人才引进实现美丽转身

龙湾地处瓯江入海口南岸，长三角和海西区的边缘，东濒东海，区域陆地面积 61.43 平方千米，常住人口 71.9 万，是改革开放"温州模式"的主要发祥地之一。

前些年，由于受国际金融危机、民间借贷危机等影响，龙湾面临着传统产业倒闭潮的阵痛和产业转型升级的艰难抉择。如何走出一条"人才创新驱动发展"的阳光大道，是一张考验地方党委、政府智慧的试卷。

近年来，龙湾区深入实施"人才强区"战略，在引才、留才、用才等方面积极探索创新可复制、可推广举措，加快推动区域人才资源和产业转型升级，成效较显著。据统计，该区共引进海外高层次人才 103 位，其中入选国家"千人计划"7 位、省"千人计划"16 位、"580海外精英"15 人。该区还荣获 2013 年度浙江省市（县）党政领导人才工作目标责任制年度考核优秀单位，2014 年科技进步变化情况综合评价位次跃居全省第 2 位、全市第 1 位。

龙湾区靠什么去集聚人才，靠什么打造"龙湾智谷"？

靠感情引才 集聚海内外精英智慧

改革开放 30 多年来，温州人商行天下、智行天下。据统计，现有 10 多万龙湾人在世界各地经商，创办企业 4 万多家，担任异地温州商会副会长以上的有 220 多人；龙湾籍在外高层次人才 100 多人，其中院士 3 人，长江学者 2 人等。为做好招才引智工作，龙湾紧紧抓住龙湾籍在外院士专家等资源，主动利用乡情友情打好感情牌，建立专家信息库和人才工作联络站，定期举办"创新梦·家乡行"活动，第一期达成项目协议 6 个，并均已落地。

旅港温籍华商翁银巧、胡玲玲夫妻 1993 年回温创办康尔达公司，以生产传统 PS 版印刷版材为主，可近年来随着数码技术的兴起，传统版材市场逐渐萎缩，公司人才技术等问题日益突出。如何帮助像康尔达这样的科技企业破解发展难题，是区委、区政府最为关心的头等大事。为了解决这些问题，龙湾构建以引进海外高层次人才（项目）为核心、集"海外人才智力引进、高层次人才创新创业、人才培养资助奖励、技能人才和紧缺急需人才培养引进"等为一体的"1+5"人才政策体系，区领导还积极结对联系企业和人才、深入走访慰问，努力促成科技企业"以感情引人才、以事业留人才"。

曾在美国柯达公司担任过高级研发科学家，现为康尔达公司技术总监、国家"千人计划"专家陶烃博士坦言，当年使他下定决心回国的主要原因是公司董事长翁银巧三顾茅庐的诚意和他自己"为祖国开发出世界第一的印刷版材技术"的"中国梦"情结。经过几年努力，科研团队不断开发出数码印刷板材新产品，如耐 UV 油墨 CTP 版和绿色环保型免处理 CTP 版等均已投入市场，现公司新型数码印刷版材产量占总销量的比重从 20% 上升到 80%，公司产值和产品市场竞争力跻身全国同类企业前三甲，在行业内具备领跑地位，实现了美丽的转身。

靠宣传吸才　营造寻才用才良好氛围

"不拒众流，方为江海"。一个地方，要想长足发展，就必须特别重视人才的开放引进，宣传是引进人才的重要方式。

龙湾区着眼于人才，着力于人才，从扩大宣传入手，定期举办引才新闻发布会，联合国家"千人计划"网，常年宣传征集高层次人才创业项目。采取专版专题精准宣传，通过《人民日版》（海外版）、凤凰网、新浪网等30多家主流媒体，重点宣传区位优势、人才政策、创业创新环境和典型，辐射87个国家（地区）。采用现代网络技术，建立近2500位海外专家博士数据库，采集创业公司、创新技术成果、电子信箱等数据，定期向海外博士宣传人才新政、项目征集、企业技术需求等信息。组织有关部门和平台业务主管赴欧美、亚洲等发达国家和北京、南京、苏州等地洽谈高层次人才项目。2014年年底开展首批"750高层次人才创业项目"专家评审活动，最终从38个申报项目中筛选出6个高端项目，累计给予配套资金1000多万元，提供免租场地近3500平方米。

靠环境聚才　打造全程无忧一流服务

该区国家"千人计划"专家胡如意说："我回温州创业的感觉特别温馨，区里服务人才意识到位、服务到位，保姆式的，特别是在创业初期各种政策落实、手续审批等都有专人跟我对接，能够上门服务，办事效率高。"

"环境好，则人才聚、事业兴；环境不好，则人才散、事业衰。"环境是地方政府引才最重要的条件，龙湾区坚持拴心为重，构筑留才"安心网"。

贴心服务，落实高端人才购房补助和租赁补贴政策，给国家"千人计划"专家发放最高100万元的购房补助，给副高或研究生发放最高每月900元的租赁补贴。出台《人才公寓租赁管理暂行办法》，向各类人才提供低于市场租金50%的租赁用房。目前，全区已建成人才公寓 432 套，共 5.14 万平方米，在建高新区人才大厦 700 套，共 3.47 万平方米。

安心服务，打造"全程无忧"服务环境。完善落实区领导联系高层次人才制度。设立区人才服务中心，为全区各类人才项目申报、子女入学、人才落户、优惠政策兑现等提供 360° 全方位服务，及时解决工作、生活等问题，提高人才的归属感和满意度。

靠平台纳才　做大创业创新舞台

国家"千人计划"专家余勤跃是海外激光仪器专家，从美国回乡创办了温州泛波激光有限公司，如今，该公司已破解了大功率超高亮度半导体激光的技术瓶颈，是目前国内掌握该技术的唯一一家企业。余勤跃说："到龙湾创业，不仅因为这里有良好的政策，更重要的是这里有激光产业基地。"

高端人才选择创业创新的地点，首先考虑的是市场和平台，龙湾区坚持以市场为导向，以用为本，倾力打造用才的"高地"，做大做强纳才大舞台。

搭建项目平台，让人才"有事可干"。突出"高、精、尖"，打造当前国内为数不多、面积 10.3 万平方米的海洋科技创新创业基地，先后建成国家级创业服务中心、留学人员创业园、国际激光与光电科技企业孵化器等创业服务平台。各平台场地租金仅为每月 10~12 元 / 平方米，比市场价优惠 15 元以上，已入驻项目 22 个，部分已开始投产。

培育科研基地，让人才"有处可用"。全面打造"龙湾智谷"，大力推进中科院温州生物材料与工程研究所建设，以政研合作方式组建兰州理工大学温州泵阀研究院、北京航空航天大学温州研究院，为人才创办的企业提供技术服务。目前，全区拥有院士专家工作站 3 家、博士后科研工作站 4 家、省级企业研究院 4 家，国家和省、市级研发机构 72 家。

落实成果转化，让人才"有新可创"。加大财政对人才专项资金的投入，如对新入选的国家"千人计划"专家给予 150 万元的奖励，对高层次人才创业项目最高给予 800 万元扶持和 2000 平方米免租工作场所，对入选省、市级重点创新团队分别给予 50 万元、20 万元的扶持等，全力支持科研创新及成果转化。目前，该区"千人计划"专家创新成果显著，共主持国家、省部级科研项目 7 个，已取得专利 58 项，有 8 个产品填补国内技术空白，产业化项目 5 个，专利产品产业化产值达 4 个多亿。

学者点评

温州是一个地域文化浓厚的商帮之都。温州市龙湾区以乡情、乡音为纽带，以世界温州人回家乡创业的旗帜，开辟了人才兴起的新模式。智力回归等系列活动点燃了全国乃至海外温州人建设新温州的激情。举全区之力，重奖引进人才、高端项目，资助人才培养基地建设、引进紧缺人才和高技能人才，龙湾区"1+5"政策发挥了海归人才创新创业带动转型升级的良好效应。区委、区政府还深入企业了解转型升级过程中的各种困难，破解人才和劳动力的"两头缺"，从而有效助力了企业的二次转型。

实施人才工作"双法"
推进"人才强县"建设

　　永嘉县位于浙江省东南部，与温州市区隔江相望，是一个人杰地灵、风景秀美的千年古县。近年来，千年古县在悄然间焕发出现代魅力，本土人才纷纷走出书斋、走向市场，更吸引众多海外高端人才在永嘉驻足，多位海外归国博士、金融人才、知名机构高管及创业团队毅然选择在永嘉创新创业，并相继在永嘉设立生物医药、新材料、信息技术等高新技术企业。

　　究竟是什么吸引海外高层次人才纷至沓来？除了近年来永嘉推出的优厚政策待遇，不断创新的平台建设，还有让人才们津津乐道的"贴心无忧"服务，而这背后正是永嘉实施多年的人才工作"双法"逐渐深入人心，逐渐显出成效。2012 年，永嘉获得"全省人才工作优秀县"荣誉；2013 年、2014 年连续两年人才工作考核综合排名位居全市前列。

实施人才工作"双法"

　　永嘉一直有重才、爱才的传统。早在 2004 年，就成立了县委人才工作领导小组，县委书记任组长，成员单位达到了 19 家，还设立了县委人才工作办公室，建立了人才工作联络员队伍。为进一步调动各部门"一把手"抓人才工作，整合各部门力量，推动全县人才工作高效运转，人才工作"项目化管理法"和"考绩法"双法应运而生。

人才工作"双法"就是将企业"项目化管理法"的先进理念、成功经验、科学方法运用到人才工作，把人才工作目标任务分解成具体项目，从申报到考评建立一套标准管理体系，再通过"考绩法"检验人才项目成效。

"以前人才工作考核指标偏软，在实行项目化管理后，一个项目就是一项任务、一项指标，感觉虽然压力大了一点，但方向更加明确，动力更足，效率也更高了！"这是绝大多数涉才部门单位负责人参与项目化管理工作以来的切身体会。2014年，县教育局负责实施"高层次企业人才子女入学探索和实践"项目，从制订计划、开展调研、出台文件，到最后落实政策，仅用3个月时间，在9月份开学前，帮助解决了38名企业人才子女入学问题，该项目受到人才的一致好评。县教育局副局长朱旭东深有感触地说："这样的效率在以往是难以想象的，这正是项目化管理法带来的新活力，下一步我们打算把'教育学科专家团建设'工作也列入项目化管理。"

2014年，实施的另一重点人才项目是人才住房保障项目，县住建局出色地完成了该项目。"人才公寓"加快推进，东瓯街道和一村人才公寓项目全部结顶，建成648套人才住房，总面积5.151万平方米。9月，出台了《永嘉县（东瓯）人才公寓申购办法》，采取出租和申购两种形式，解决招商选资企业和民营企业高层次、紧缺类人才的住房问题，107家企业参与了人才住房申购。人才住房保障项目的实施，解决了各类人才的后顾之忧，进一步激发了各类人才干事创业的激情，在社会和广大人才中形成良好反响。

实施人才工作"双法"后，最大的变化就是：人才工作既有压力又有动力，全年的考核任务化为一个个具体的项目和量化指标，一年中每个时间段要干些什么都很清楚。县人力社保局副局长张文广说："2014年，人才办给我们列入的项目有7个，比如引进外国专家重点项目 5 个以上、年新增高技能人才培养 1250 名以上等，针对这些项目我们都制订了计划，每个季度按计划完成相应的任务数，以确保年度考绩有个好成绩。"

自 2012 年以来，累计 97 个项目列入"项目化管理"，其中市对县考核项目 56 个，县创新项目 41 个，如卫生部门实施"医学学科带头人项目"，宣传部门实施"文化名家创业园项目"等，形成了"百家争鸣、百花齐放"的工作效应。通过近几年的摸索和实践，永嘉已经形成一套较为完善的管理创新与绩效考核体系，构建起全县人才工作"一盘棋"格局。

人才新政"四箭齐发"

在实施人才工作"双法"的 4 年里，永嘉密集推出了许多创新型、富有特色的人才建设计划和项目，其中影响最大的就有 4 个：

一是"十支团队，百名人才"培育工程。发挥首批学术技术骨干团队效应和资源集聚优势，积极推进人才梯队建设，开展团队建设创先争优活动，推行团队量化考核制度。首批 10 支团队，入选温州市首批重点创新团队达 4 支，入选省第三批重点创新团队 1 个。本土阀门行业领军人才邱晓来，其带领的省重点创新团队高参数高性能阀门技术团队承担国家"火炬计划"项目 3 项，完成了省科技计划和重大科技专项 2 项、省工业新产品 5 项，申报发明专利和实用型专利 48 项，参与制定国家和行业标准 23 项。该项工程被温州市评为"市十大优秀工作"之一，多家主流媒体广泛报道。

二是"十百千人才"引进工程。永嘉采取日常招聘、特色招聘、赴外招聘和网上招聘等多种形式，先后引进各类人才数千名，引进境外专家智力项目 19 个。对特别急需高层次人才的事业单位，永嘉再创新举措，开通了引才"快速通道"。浙江省泵阀产品质量检验中心

VICT 阀检之星团队绝大部分成员都是通过快速通道引进的急需紧缺专业技术人才，该团队承担国家质检总局科技计划项目 3 项，省质监系统科研项目 4 项，完成投资 6730 万元，建成国家阀门质量监督检验中心公共服务平台，204 项产品和参数通过国家"三合一"认证，解决了全省及周边地区 95% 以上阀门产品检测和研发等共性技术难题。

三是"人才智力回归工程"。2015 年，永嘉率先启动永嘉籍医学专家人才柔性引进工作，引进 80 多位在各地工作的永嘉籍医学专家，永嘉老百姓在家门口就能看省城名医。浙医一院肿瘤科滕理送教授就是柔性引进的医学专家之一，除了每月开展定期门诊、会诊，他还参与带徒弟培养业务骨干。"虽然大城市里有更好的工作平台，但是我们不能忘了对我们有养育之恩的故乡。如今家乡召唤，我们当然要回来做贡献。"滕理送教授道出了永嘉籍医学专家的心声。另外，永嘉根据编制的《全县高层次人才和智力项目需求目录》，举办了"情系楠溪，回报家乡，永嘉籍知名在外专家故乡行"活动，引来了诸多在外永嘉籍专家。

四是"百人计划"项目。2012 年，出台《永嘉县产业创业创新人才引进"百人计划"实施办法》，每年投入引才专项资金，利用 5~10 年的时间，引进并重点支持 100 个左右能够突破关键技术、发展高新产业、推动产业创新发展的海内外创业创新领军人才（团队）。《永嘉县产业人才引进"百人计划"公告》，无论是引进对象、引进重点，还是引才政策诸方面都有重大突破，都有多种创新，都有永嘉特色，甫一出台，即引来众多海内外人才和社会的广泛关注，叫好声一片。

除了好政策，人才们关心的创业创新平台建设，永嘉也是不断创新推进。全省首个系统流程装备产业技术创新综合试点在永嘉启动，兰州理工大学温州泵阀工程研究院、温州研究生分院、温州翔宇中学等知名院校相继在永嘉落地；院士工作站、博士后工作站、温州系统流程装备科学研究院等"硬平台"建设正在加快进行。近3年，引进省"千人计划"4人，温州市"580计划"7人，建成院士工作站2家，省级重点企业研究院2家，省级以上博士后科研站3家以及21家省级企业技术研发中心；积极推动人才产学研平台建设，加强企业与相关高校合作，建立了国家级阀门质检中心、高校毕业生泵阀技术就业培养中心。

提供"贴心无忧"服务

永嘉资源禀赋一般，究竟是什么对人才产生长久的吸引力？来永创业的海外高层次人才不约而同地说出了两个字——"服务"。"服务也是一种吸引力"。近几年，永嘉做足"人才服务"这篇文章，重点实施了"全程代办"和"暖心工程"两个人才项目。

许多落户永嘉的人才有这样一个感触，从办理工商税务注册登记到项目落地的周期非常短。这主要得益于"全程代办"项目。该项目通过量身定制的"联络专员"，全程代办项目落地前的各种服务，包括对项目的前期密切对接、中期代理服务和后期持续跟进服务全过程。

对此，南澳大利亚大学环境修复技术博士王志强有着切身的体会。"回国之前，了解到外资企业注册涉及部门多审批时间长，担心会碰到一些问题，来永后人才办'专员'参与办理，不到2个星期，营业执照就办下来了。"王志强博士感叹道，永嘉在对人才服务方面确实做得非常"贴心"。真正让他决定留在永嘉创业，除了政策的因素，还有永嘉的服务，高效又贴心的服务让他在永嘉创业没有后顾之忧。

关爱不止于此。永嘉还实施了人才"暖心工程"。这个工程包括了诸多内容——为人才提供人才住房、生活补贴、子女就学、医疗卫生等贴心服务；建立健全县领导联系高层次人才制度，帮助人才解决实际困难；每年开展县领导春节慰问拔尖和优秀人才、召开人才迎春茶话会等活动；还有人才谈心日、人才流动温馨茶站、永嘉硕博联谊会……此外，自2011年以来，永嘉还专门安排了52位高层次人才代表列席县党代会、人代会和政协会议。

在永嘉奥康投资有限公司任投资总监的金融博士陈珑感慨地说："从英国伦敦城市大学引进到永嘉工作，县领导多次到公司拜访和我们交心谈心，询问和了解我们的工作、生活情况及碰到的问题，可以用无微不至来形容，很是感动。此外，永嘉政府还给我提供了人才专项奖励和人才住房补贴。"永嘉已经成为他的第二故乡，他将在这里落地生根。

永嘉实施的"全程代办"和"暖心工程"两个人才项目彻底打通了人才服务体系的最后"一公里"，用"贴心无忧"的服务为来永创业创新人才撑起一片广阔的蓝天。

学者点评

从地理位置和自然资源禀赋方面来看，温州市永嘉县吸引高端人才并不具有明显优势。但是他们创造了人才服务的新优势。高端人才被引进，固然看重有吸引力的相关政策，但是他们更看重事业发展的空间，看重事业能够尽快打开局面的服务。永嘉县"全程代办"和"暖心工程"的人才服务项目，弥补了地理位置和自然资源方面的不足。可见，打造良好的人才服务软环境，是引才和留才的永恒话题。

"台海" 劲吹创业风

浙江宏利，一家成立于 2006 年、注册资本 512 万美元的水产公司，用了 6 年多的时间，到 2012 年的时候年产值才 2.65 亿元。但之后的两年，每年的产值则以近亿级的数字在递增，2013 年 3.8 亿元、2014 年预估 4 个多亿。而这，主要得益于一个"贵人"——台籍专家、省"千人计划"人才陈俊源博士的加盟。"自从 2012 年陈博士给我们带来东海参加工技术，我们公司真的是一天一个样。现在，我们都已经是国家级农业龙头企业了！"浙江宏利水产陈高棉董事长乐呵呵地说。

据了解，像陈博士这样的"台海"高端人才，近两年来苍南一下子来了 14 位。同来的，还有 16 个创业创新团队。现在，这群"台海专才"，已经有 1 人入选国家"千人计划"，3 人入选省"千人计划"，1 人入选温州市"580 海外精英引进计划"。他们为苍南经济社会的发展带来了全新的生产技术和经营理念。2013 年，苍南实现生产总值 364.59 亿元，同比增长 8.1%。

为什么会有这么多的台籍创业创新人才，甘愿齐聚僻处海角一隅的苍南，挥洒才情、书写风采？这还要从苍南的"台海专才"工程说起。

精心构筑创业平台，玉苍有贤自台来

苍南与台湾一衣带水，自古多有往来。两岸地缘相近、血缘相亲、文缘相承、商缘相连。目前，在台苍南籍同胞有近 2 万人。

为充分发挥"台海"优势，苍南提出并开始实施"双海双区"战略，积极推进"台海专才"工程，大力引进台湾地区及其他海外高层次创业创新人才，深入建设浙江省海洋经济发展示范区和浙江省对接海西区建设先行区。

因此，苍南有了浙台（苍南）经贸合作区，授牌于 2011 年 6 月 29 日，是浙江省首个对台经贸合作区。这里，将被打造成为国家级台商投资区、国家级台湾农民创业园、国家级对台贸易口岸、国家级海峡两岸交流基地。这里，坐落着一批由台籍高层次人才创办的新兴企业。

由台湾著名香草专家、创业人才王调仪先生创办的桃湖村薰衣草观光休闲产业园，就坐落在这个浙台（苍南）经贸合作区里。薰衣草观光休闲园现在已经建成浙南闽北规模最大的工厂化、智能化育苗中心 7000 多平方米。

此外，为了让"台海专才"们能够在苍更好地创业、创成业、创大业，苍南还建设了"台海专才"高新科技创业园。可为入驻企业提供 500~1000 平方米的创业场地，前三年租金按 20%、30% 和 40% 收取，并且每年给予产业化较好项目 5 万 ~10 万元的种子资金扶持。可给予最高 500 万元的科技创业补助、300 万元的银行融资担保。

由台湾材料学专家杨宜丰先生创办的温州群禾电子科技，就坐落在"台海专才"高新科技创业园里。杨宜丰先生还在台湾工研院的时候，苍南县委书记黄寿龙就曾多次前往探访。当时，杨宜丰先生正在为创业选址，多次往返两岸考察浙江宁波、江苏昆山等地。"选择苍南，不仅是因为这里离台湾近，有深水良港、便利的交通，还有政府的大力扶持。" 2013 年，杨宜丰先生正式携带石墨导热散热贴片生产技艺和纳米级导热胶带制备方法的专利技术来苍创业。苍南县政府在用地极度紧张的情况下，仍然给予了占地 1.65 公顷的工业用地支持。

现在，群禾电子的产品已经通过富士康集团—宁波群创及宁波璨宇的试用验证，填补了国内在电子材料领域的空白。公司创办人杨宜丰也成功入选2014年度浙江省创业类"千人计划"。

加大政策扶持力度，激活企业引台才

不仅仅是在行政审批、融资、税收、土地等方面给予"台海专才"优先支持，苍南还拿出真金白银对创新创业进行奖励补助。明确规定，企业每引进1名"台海"高端人才，最高可获得30万元的专项奖励。

"重赏之下必有勇夫。"浙江苍南仪表厂，一家创办于1975年专业生产燃气计量仪表的浙江省高新技术企业。在政府部门的牵线搭桥下，于2012年成功引进了曾荣获联合国工业发展组织颁发"全球可再生能源领域最具投资价值领先技术（蓝天奖）第一名"的台湾太阳能技术研发团队。浙江苍南仪表厂因此获得了苍南县财政给予的50万元"台海"引才专项奖励。该团队已有两名成员分别成功入选国家"千人计划"和浙江省"千人计划"。现在，浙江苍南仪表厂踌躇满志，正在太阳能团队的带领下，积极推进太阳能应用研究院建设。

"我现在已经盯上你们那个几千万元的创新团队奖励了！"浙江苍南仪表厂黄友良厂长雄心勃勃地说。

不断拓展引才渠道，台才来苍愈发多

平台有了、政策也有了，怎样才能让"台海专才"以更快的加速度流进来？为了这个问号，苍南没少下功夫。

2014年的中秋节，坐落于苍南县灵溪镇的日月潭农庄，一片人的海洋。这里正在进行着由苍南日月潭农庄和桥墩门食品公司联合举办的现场"炙饼"活动。来参加活动的人，不仅沉醉在现场的热闹中，也沉浸在日月潭农庄的精致景观中。这里有来自台湾的睡莲、蛇目菊、薰衣草，也有跑马场、游乐场等户外休闲游玩设施。

苍南日月潭农庄，总投资 5000 万元，用地面积 60 公顷，农业用地 56.7 公顷，由台湾农业专家吕如仙成功开发建设。通过吕如仙带来的台湾精致农业技术，日月潭农庄现已建成草莓种植大棚 24 个、蔬菜大棚 6 个以及玻璃房等其他配套设施。在苍南当地，掀起了一股精致农业投资建设热潮。

"吕如仙，是我们通过创业引导式引进来的台湾农业专家。此外，在人才引进上，我们还有项目引进式、柔性引进式、以才引才式等等。"苍南县委人才办的工作人员解释道。

而台湾张荣显团队，则是龙港金鑫制版以研发激光雕刻花辊项目为载体，引进来的台湾高端创新创业人才。

像这样的例子，举不胜举。目前，在苍的"台海专才"中，通过项目引进式引进来的有大亿集团的吴俊亿、农业专家孙明贤等，通过以才引才式引进来的有浙江苍南仪表厂的黄文启、余学杰等，通过柔性引进式引进来的有盛高的王荣耀……

现在，在苍南这片创业创新的热土上，来自台湾的专家贤才们的创业创新热情也正全面高涨。

大力优化人才环境，台才安心居苍南

"台海专才"来了，怎样才能让他们安心留在苍南？安心创新创业？在一次由黄文启博士等"台海专才"参加的座谈会上，苍南县委常委、组织部长何宗静曾经真情许诺，"你们无论是在工作上、还是生活上有什么困难，都可以尽管来找我们！"

为了帮助解决"台海专才"们的居住问题，苍南明确规定，"台海专才"在苍首次购房，最高可获得 100 万元的购房补助。2014 年 9 月，苍南第一次对人才购房补助政策进行了兑现，在"台海专才"中

引起了强烈反响,国家"千人计划"专家傅耀贤博士等"台才"纷纷
表达了在苍购房的意愿。

为了能够让"台海专才"们更加安心地在苍创新创业,苍南还专
门成立了人才专项服务办公室,为"台海专才"们从创业投资、配偶
子女户籍、医疗保障、海外人才居住证办理等方面,提供保姆式服务。

"之所以选择来苍南,不仅仅是因为这里有我可以从事的事业,还
因为这里有跟台湾一样的语言、习俗,甚至跟台湾一样的空气!以及
更加完善的创新创业环境!"浙江省"千人计划"专家、"台海专才"
黄文启博士如是说。

学者点评

"台海专才"是苍南人才工作响当当的特色。苍南从自身的资源禀赋
出发,充分发挥与台湾一衣带水、地缘相近、血缘相亲、文缘相承、商缘
相连的台海优势,较早提出在全县范围实施"双海双区"战略。他们努力
推进"台海专才"工程,在引进台湾籍创业家和科学家方面,提供创业资
金和土地的大力扶持,鼓励台湾科学家与本土创业家联姻,培育新型产业。
浙江省首个对台经贸合作区落户苍南,在国家级台商投资区、台湾农业创
业园、对台贸易口岸等基地建设中,人才工作创优创先发挥了极为重要的
作用。

Jiaxing

Cases

嘉兴秀洲区

嘉兴海宁市

嘉兴嘉善县

领军人才企业"破百争千上亿"的背后

走进物美集团北京的 40 多家门店，可以看到一排排汉朔生鲜电子价签。这个由电子价格标签、基站、软件、手持移动终端四个模块组成的"汉朔电子价签系统"，可以让物美集团总部的工作人员，通过互联网对各门店内的任何商品实施价格策略，卖场的工作人员也可以根据当天商品的实际销售情况，通过手机移动终端来对商品进行灵活的价格调整，抢先实现线下零售企业生鲜区域的商业智能化。

为物美集团提供生鲜电子价签解决方案的汉朔科技公司，是一家来自嘉兴秀洲区的领军人才企业。落户秀洲不到三年时间，汉朔科技在秀洲领军人才企业"破百争千上亿"工程的扶持下，实现了跨越式的发展。目前，汉朔科技已经成长为全国电子价签解决方案系统供应商 NO.1，年销售收入突破 1000 万元。在领军人才企业"破百争千上亿"工程的扶持下，越来越多的秀洲领军人才企业实现了快速成长，越来越多的领军人才企业落户秀洲，实现创业创新的梦想和追求。

以提高绩效为重

在人才工作实践中，秀洲区深刻认识到，引进领军人才企业的根本目的，不是看数量多少，而是应该把重点放在这些领军人才企业在引领区域经济创新发展、产业结构优化调整、经济社会发展转型升级上，能否起到真正的引领作用。

于是，秀洲区提出并牢固树立了"服务是永续动力、绩效是永久活力、提升是永恒魅力"的人才工作发展理念，注重"管宏观、管政策、管协调、管服务"，通过优化人才服务，促进人才企业绩效产出和经济社会转型提升，推进全区经济社会创新驱动发展。

按照这一工作理念，秀洲区坚持引育与发展并重，尤其突出以用为本，强化党委组织部门牵头抓总作用，充分发挥相关部门的职能作用，在人才服务理念、服务目标、服务要求、服务领域、服务机制等方面系统完善、综合提升，不断优化人才工作软环境，提升人才工作硬本领，让人才既有吸引力，也有生命力，真正实现"引得进、落得下，扎得下根、发展得好"。

从 2013 年开始，秀洲区全面深入实施"破百争千上亿"工程，以"增能提效""帮扶提效""拓市提效"等三大行动为载体，推进人才项目产业化服务，不断提升领军人才企业绩效产出，助力领军人才企业发展壮大。全区以绩效产出为终点，为每家领军人才企业提供量身定制的"保姆式"服务。协助企业与相关部门接洽，寻找市场切入点；协调金融部门，为人才项目提供个性化金融解决方案；利用各种大型活动，帮助企业推介产品和服务，取得了明显成效。

目前，在落户秀洲区的领军人才企业中，年销售收入突破百万元的有 10 家，上千万元的有 6 家，上亿元的有 1 家。

"双招双引"融合互动

引进高层次人才要与当地经济社会发展、与产业集群发展相匹配，构建科学的人才队伍结构，避免一味地单纯追求高学历、高职称、高数量。

在秀洲，将"招才引智"工作与"招商引资"工作有机结合，避免了人才引进上的"眉毛胡子一把抓"。秀洲区专门出台了《关于进一步加强党管人才工作大力推进创新驱动发展战略的实施意见》和《关于建立招商选资与招才引智融合互动机制的若干意见》等两项制度，在深化党管人才制度的同时，加强招商和招才、选资和引智的融合互动。

通过建立"双招双引"机制，促进招商和招才工作"四同步"，即任务同步分解、活动同步参与、考核同步实施、服务同步推进，秀洲区把招商和招才工作中的信息资源、人力资源、工作机制等充分整合起来，由单纯招商、单纯招才的"单兵突进"模式向"人、财、项目"打包引进的工作模式转变。在招商选资工作实际操作中，秀洲区将资源优势全面整合，结合产业发展需求，一方面在现有的"招商地图"基础上，编制"招才手册"，明确招才主攻区域，一方面编制"招商+招才"政策汇编，实现人才政策和招商政策共同推介。

2013年，秀洲区有关负责人在西安机场候机时，看到了一篇名为《我国第二代薄膜太阳能电池核心技术达国际先进水平》的报道，文章中介绍了香港中文大学教授、中国科学院深圳先进技术研究院光伏太阳能实验室主任肖旭东团队研制的铜铟镓硒太阳能电池，其性能已经迈入国际领先行列的有关信息。随后，秀洲的招商团队迅速行动，在3小时内与肖旭东教授取得了联系。通过半年多的深入接触，2014年8月，以国家"千人计划"专家肖旭东教授为首的中国科学院深圳先进技术研究院柔性铜铟镓硒太阳能电池项目正式签约落户秀洲，为秀洲的分布式光伏应用试点，光伏装备产业发展再次注入了新鲜动力，实现了招商与招才的完美结合和融合互动。

精准服务人才

十年树木，百年树人。如果把领军人才企业当成新苗，那他们需要怎样的呵护和服务？

秀洲的答案是，把服务观念转化为实际行动，切实给领军人才企业成长发展提供"保姆式"的精准服务，近年来，秀洲以实现领军人才企业"破百争千上亿"为目标，通过精准的个性化服务，大力推进领军人才企业提质增效。完善创业联系帮扶机制，深化"135"创业助理工作体制，探索建立区级领导联系、机关部门及镇、街道党委（组）书记领办的领军人才服务体系，积极破解领军人才企业发展瓶颈，帮助企业做好产品推介，提升市场占有能力。开展以人才成果展示、人才产品推广为主要内容的"人才智慧果推广"计划，提高领军人才企业的市场开拓能力，增强企业发展绩效。

精准服务最关键的是平台的承接、政策的扶持。为此，秀洲区重点打造了嘉兴（国际）人才交流中心、长三角纳米科技产业发展研究院、嘉兴光伏高新技术产业园、上海交大（嘉兴）科技园、中节能（嘉兴）产业园、生物医药"国千园"等发展平台，并大力给予政策扶持，引了一大批人才项目。这种先"筑巢"后"引凤"的做法，让秀洲在招徕更多、更好、更强高层次人才的同时，更为这些人才创新创业提供了有力的支持保障。

如 2013 年刚刚成立的秀洲生物医药"国千园"，通过不到一年的运行，这个以"集聚国千人才，汇集高端产业"为目标的平台，包括作为中国科技制药企业的领先者、香港上市企业的万全医药在内，目前签约和正式落地发展的生物医药企业数已增至 10 家，医药及医疗器械领域国家"千人计划"产业化项目，生物医药及医疗器械领域的精英人才，也在不断向园区汇集。

学者点评

　　把人才资源转化为人才资本，关键是坚持以用为本，"实绩论英雄"，在使用中锻炼提升人才，用实际成效来评价人才。嘉兴秀洲区全面深入实施"破百争千上亿"工程的背后，是推进人才项目产业化服务，不断提升领军人才企业绩效产出，助力领军人才企业发展壮大，正是人才"以用为本"的科学实践。与此同时，秀洲区由单纯招商、单纯招才的"单兵突进"模式向"人、财、项目"打包引进的工作模式转变，符合人才与产业紧密对接的人才工作思路，该区未来的人才工作成效值得期待。

创业大赛走出资智合作新模式

来自全球20多个国家（地区）、20所世界名校和科研院所，203个海外人才项目，12个"千人计划"及"万人计划"项目，这是2014年"潮起东方·赢在海宁"创业大赛的一组直观数据。

"政府搭舞台，人才、企业来唱戏"，海宁市"潮起东方·赢在海宁"创业大赛创新民营资本和人才智力对接模式，突出项目征集国际化、项目评审市场化、项目落地产业化，实现了智力和资本的深度对接，更助推了地方经济的转型升级。

小城市大视野，项目征集全球化

以全球化的视野吸引国际人才参赛，吸引优质项目落地，是"潮起东方·赢在海宁"创业大赛的定位。为此，丰富招才引智形式，不拘一格广纳贤才成为必然的通道。

人才项目，特别是高层次人才项目，落地、产业化的时间就是效益。"我们之所以考虑举办创业大赛，主要是因为国家"千人计划"、省"千人计划"等各级评审周期长、时间也相对集中，都在年底出结果，使得很多优质项目都在评审、观望中耗费了宝贵的时间，错过了发展的最佳时机。创业大赛较好地填补了国家"千人计划"、省"千人计划"和嘉兴领军人才评审的时间空白，与上级评审在时间上有机衔接，短平快的评审大大促进了项目落地的速度，为项目发展赢得时间，希望有更多的项目来海宁发展。"大赛主办方负责人介绍说。

"引进人才，我们企业是最好的引才'说客'。一年前，我们从海外回来、参加创业大赛、政府资助落地、与海宁民资合作，一步一步发展起来的真实经历，就是动员海外朋友、同事、同学回来创业创新的最好事例。"首届创业大赛获奖者、浙江省"千人计划"专家韩斑介绍说。大赛启动以后，结合2014年省"千人计划"、"创新嘉兴·精英引领计划"、人才沙龙活动等，发动人才企业做好活动、政策的宣传。此次活动人才企业推荐项目达27个，创历年之最。

"我们充分发挥历届海外人才交流会积累的品牌影响力，依托欧美同学会、上海"千人计划"联谊会等组织，以及杭州国际人才交流与合作大会、广州国际人才交流大会等品牌活动的载体，扩大信息的影响面，吸引更多参赛项目，逐步实现产业集聚。"海宁人才办相关负责人介绍说。此外，海外人才交流会，通过各类招才引智平台，共动员海内外项目41个，其中进入决赛的28个项目集中在新材料、节能环保、高端装备制造等六大领域。

此外，通过互联网广发"英雄帖"。充分利用互联网传播广、效率高的优势，加大网上宣传报名力度。尤其是加大与中组部"千人计划"合作伙伴——浙江省留学人员和专家信息网——浙江海外人才网的合作力度，依托网站影响力，面向海内外做好宣传发动。据统计，2014年大赛，网络报名项目达200多个，初审后入围项目135个。

企业踊跃唱主角，项目评审市场化

项目前景如何、效益怎样，是人才项目能否与民资成功对接的关键。海宁创新项目评审机制，积极鼓励企业参与，为企业"识才认智"创造良好条件。

"潮起东方·赢在海宁"创业大赛，采用"7+2"专家组成法，即从金融投资机构、财务专家、企业家和政府平台、部门代表中选出 7 个固定评委,参加全部项目评审,技术领域 2 名专家作为专场评委,由此较好地兼顾了产业化可行性和技术领先性,为企业进一步遴选项目创造了便利。此外,设置节能环保和新能源、信息技术等 4 个专场答辩组,提前公布答辩名单及时间安排,为企业提供"菜单式"选择,既精简了会议,又实现了企业从"要我来"到"我要来"的转变。"以前,参加类似的活动,都是临时通知临时去,有的时候叫我的人事部经理去一下,当作完成任务,今天来主要是看中这个印染项目,想来听听看,如何可以改进我们的传统工艺,希望有进一步合作的机会。"浙江佳力织染制衣有限公司董事长说。

创新路演答辩模式,引入全程开放式路演答辩。国家"千人计划"专家王际平带着他所在团队研发的"纺织品非水染整技术体系及产品开发"项目,参加第二届"潮起东方·赢在海宁"创业大赛,王际平用 6 分钟时间介绍项目创业前景、产业化可行性、财务管理、研发团队以及运作设想;又在 5 分钟内,接受 9 名评委的随机提问。随后,围绕项目产业化、本地化和资智合作等方面,接受企业代表的追加提问。正是这样的开放式答辩,让这一科研成果受到了多家企业的青睐,并最终与浙江万紫千红印染有限公司联姻成功,同时还在本届创业大赛中一举夺魁,获得 300 万元的创业启动资金。

通过两届创业大赛,海宁市已初步形成形式初审、技术评审、产业化评审、决赛答辩的四级评审机制,构建"政府＋市场＋技术"多元专家评审和"专业评审＋现场观众"全开放、多角度评价模式,项目评审的公信度得到进一步提高。

市场化的项目评审机制,充分调动企业参与的积极性,促使企业从"带着任务来"到"带着问题来"的转变,企业用才的氛围更浓,其主体作用得到进一步激发。

更重要的是，项目与地方产业的结合日益紧密，助推了地方经济的转型升级。据介绍，2014 年"潮起东方·赢在海宁"现场对接 237 次，科研项目与民营资本达成合作意向 11 个，其中 1 个国家"千人计划"项目现场对接达到 37 次。这些项目不仅符合海宁传统产业转型升级和民营资本扩大投资的现实需求，而且也符合当前"五水共治""机器换人"等中心工作的战略需求，项目的成效得以提升放大。

政府乐当勤务员，项目落地产业化

如何加快项目产业化是活动的根本目的，海宁通过"政策引导＋企业主体＋项目管理"模式，注重调动各方面的积极性，加快促进项目产业化、本地化。

以完善的人才政策，优越的发展环境助推项目落地。在创业大赛现场，专门安排海宁市创业创新政策环境推介会，专题介绍相关人才政策和优势发展环境，让历届的创业大赛获奖者畅谈海宁创业感受和体会。同时，还安排参赛人才实地参观考察市科创中心等重点平台，为项目落实营造良好的环境氛围。

获奖项目注册落地海宁后，实行目标合同管理，根据创业大赛项目计划书，签订《"潮乡精英引领计划"入选项目落户合同书》，明确项目实收资本、总投资、销售情况、团队到位等绩效考核指标，创业启动资金奖励与绩效考核相挂钩。"有了这个协议，我们清楚了，政府资金等政策拨付的时间表，更有利于我们安排公司的资金预算，同时也解了我们的后顾之忧，不担心有的地区出现的政策不兑现。"参赛选手段燚笑着说。

对获奖的 20 个项目，除已注册项目、已签约项目外，根据前期掌握的落地意愿，征求镇、街道和平台的项目引进意向，做好分解落实并跟踪意向企业做好落地服务工作，对接落地情况列入市委、市政府年度目标责任制考核。国家"千人计划"专家潘登博士的项目"LNG(特种装备)低温钢9Ni用焊接材料中试及产业化"从获评到落地只用了2周时间，项目正式产业化也只用了3个月时间。"海宁科创中心提供的服务可以称得上是'保姆式'的，全程帮办，连办注册都有专人陪同，一站式服务让我们的项目快速落地，很感谢也很放心，可以让我们把精力集中到企业发展上了。"海宁瑞奥金属科技有限公司总经理张盘说。

"潮乡精英引领计划""一心三园"人才发展平台，优越的区域位置、优惠的人才政策吸引更多的海内外高层次人才到海宁创新创业。目前，海宁市已累计引进培育国家"千人计划"专家18人、"万人计划"专家1人、浙江省"千人计划"专家10人，入选"创新嘉兴·精英引领计划"57人，1名外国专家获评2014年中国政府"友谊奖"。

🖋 学者点评

人才项目最终要拿到市场去检验。海宁探索"政府＋企业"资智合作新模式，突出项目征集国际化、项目评审市场化、项目落地产业化，在一定程度上实现了人才和资本的即时对接，克服了国家"千人计划"、省"千人计划"等人才项目各级评审周期长，有可能错过发展良机的问题。未来海宁可采用第三方"大数据"的方式对人才项目进行全面客观评估，用数据来反映人才项目的"健康指数"，逐步提高人才项目评价的科学性。

智汇归谷 打造"四高一低"人才创新样本

　　走进中国归谷嘉善科技园，一股股创新活力扑面而来：时尚的建筑，高耸的塔吊，田园的风光……处处荡漾着收获的喜悦。目前，园区已累计引育国家"千人计划"专家 24 人，浙江省"千人计划"专家 9 人，引进产业化项目 58 个，总投资 21.23 亿元。2014 年 7 月，园区被命名为浙江省首个欧美同学会·中国留学人员联谊会留学报国基地，这是目前全国唯一设在县一级的基地。目前，园区作为"千人计划"项目转化中心重要组成部分，正在全力争创省级"千人计划"产业园。

　　作为浙江省开发区特色品牌园区，嘉善转型升级的重要平台，归谷园区正以高楼、高端、高智、高效、低碳"四高一低"为发展特征，着力打造产业转型升级的嘉善样本。

　　漫步人水相亲、环境优美的归谷园区，美国硅谷基金合伙人童文戈博士感慨万分：这个地方设计理念非常好，很多细节都很棒，完全超出了自己的预期。美国硅谷基金创业考察团成员李旭明博士指着错落有致的小楼欣喜地说："美国有硅谷，嘉善有归谷。麻雀虽小，五脏俱全，很有美国硅谷的架势啦！"

　　然而几年前，这里还是另一番景象：烟囱林立，污水横流，厂房破旧，小低散成了这里产业的代名词，在这片不大的土地上挤满了纺织服装、金属制造、电子元器件等 150 多家传统企业。

传统的发展路径已经走进了死胡同，必须对原有区域实行环境再造、产业重构、空间重塑，走出一条科学发展的新路来。

而要顺利实现这个目标，必须对原有区域进行"创造性的破坏"，对原有的区域进行要素重组，用新的产业替代旧的产业，用高端产出取代低端产出。

2011年6月，中国归谷嘉善科技园正式动工建设。一期规划用地1.35平方千米，建筑面积约126万平方米，设中国归谷示范区、商务功能配套区、文化创意产业区、企业定制研发区、产业配套居住区、标准外包交付中心区等六大功能区，致力于打造以高楼、高端、高智、高效、低碳"四高一低"为特征的转型升级新型科技园。

"从规划开始，我们就致力于打造一个适合高科技人才、高科技企业集聚的新型科技园区。"嘉善县归谷园区负责人介绍说。嘉善归谷充分考虑高科技企业和人员的工作特点和生活需求，着力塑造"水岸江南、活力江南、绿意江南"的景观特色，形成园区产业与自然生态环境共存共融，以宜学、宜居、宜研的一流环境来吸引、留住高科技人才。

经过几年的建设，归谷园区首批生产的企业——景焱智能科技有限公司正如火如荼；首个落成运营的项目——嘉善新沪渝科技电器有限公司正式投产；首位落户的国家"千人计划"专家王寅带来的高科技项目正在研发；首个进园建设的省"千人计划"专家、美国加州大学洛杉矶分校（UCLA）终身教授沈路一带领的圣加医疗项目正内部装修中……

国家"千人计划"专家潘今一博士，在世界500强企业担任首席技术官、执行副总裁，他对中国归谷嘉善科技园非常看好：很多地方过分商业化，工业污染严重，不适合做软件开发。归谷园区与美国硅谷环境相像，让人一见倾心。

2012年，他正式入驻归谷园区，并投资3000万元成立了嘉兴弘视智能科技有限公司。作为国内首家专业从事基于智能视频行为分析为核心的视频图像处理、模式识别、数据分析、云计算平台报警联动的高科技软硬件开发、生产、销售和整体解决方案的供应商，目前已拥有 10 多项自主知识产权。据介绍，该公司生产的智能监管产品推动了全国公安监管信息化新标准和新规范的建立，自主开发的核心算法和软件获得了多项国家发明专利和实用新型专利……

金杯银杯不如口碑，良好的环境也为归谷带来了更多机会。潘今一用自己的切身感受，介绍了更多的科技人才。2013 年 10 月，"千人计划"智慧城市的专家联盟——"千人计划"智慧城市研究院嘉兴有限公司正式成立，研究院总投资 5000 万元，首批由 11 位国家"千人计划"专家领衔，整合了在智慧城市建设方面各领域的行业专家，强强联手、团队协作，提升综合实力。

中国归谷嘉善科技园吸引越来越多的海内外高层次人才创业创新：谭年熊博士注册成立了嘉兴格瑞电子科技有限公司，主要从事智能电表及电力物联网方案模块的设计、开发；史方博士的嘉兴纳讯电子科技有限公司主要从事半导体高速闪存芯片及其他半导体器件的研发、设计、制造和销售……

国家"千人计划"特聘专家职春星博士在归谷园区创办了嘉善凯诺电子有限公司，原来租赁归谷创业中心 700 平方米厂房，现在，母公司将在台湾上市。该公司致力于高端（32bit）微控器的开发与推广，主要从事电子元件及组件、集成电路的设计、开发。

带来"肉眼看 3D"效果的是能势信息技术。以公司 CEO 章凯为首的研发团队来自美国硅谷。据章凯介绍，在归谷园区的新项目将侧重裸眼 3D 平板电脑的产业化和总部基地的建设。裸眼 3D 技术已经广泛运用于国内展览馆、博物馆、户外视频，而第二代裸眼 3D 平板样机在我国内地、香港和俄罗斯远东地区市场反响良好，目前已接到 10

万台的订单。

事实上，进入归谷园区的企业不是想进就能进的，必须迈过一道道门槛：产业必须是新兴电子信息、医疗器械、高端装备制造；亩均产值必须超过 500 万元，亩均税收必须超过 35 万元。

引进一个人才，兴办一个企业，催生一个产业，集聚一批人才的链式效应正在归谷形成。据了解，到 2016 年，归谷园区有望引进国家"千人计划"专家 50 名，创办高新技术企业 50 家，力争实现产值50 亿元、税收 10 亿元。

学者点评

嘉善归谷园区是以高端人才和高科技产业为特色的品牌园区，成立以来发展势头强劲。目前各地建设园区类平台的核心问题主要有三个：一是找好定位。嘉善结合自身地理、经济等方面条件把园区定位为海归的"圆梦工厂"，提出了与国际接轨的"四低一高"定位；二是找准产业。嘉善结合园区定位，主要面向高新产业，对单位土地的产值和税收有严格要求；三是找对人才。嘉善主要引进海内外高层次创新创业人才，针对他们的特定需求来建设园区、推行政策。嘉善的成功经验是，三个问题统筹考虑，有机结合，从而使园区发挥最大的功能，值得借鉴。

打造柔性引才"德清模式"
助力县域经济大发展

沿着德清县武康镇往莫干山方向驱车5分钟，一家名为"中电科技德清华莹电子有限公司"的企业映入眼前。相比别的企业，华莹电子有限公司前的"中电科技"四个大字很是显眼，正是通过与中国电子科技集团公司等行业专家及团队的密切合作，才将华莹由一家砖瓦厂，逐渐发展成为拥有资产2.5亿元、本部占地面积8.6万平方米，员工500余人的大型现代化企业。2014年，华莹引入了中电科技南京第五十五所整个团队，成功入选省领军型创新创业团队，在转型升级的路上再度腾飞。

华莹电子是德清县柔性引才"德清模式"的开创者，也是德清县"柔性引才"众多实例之一。近年来，德清县精准对接县域经济发展的需求，着眼于推动转型升级，坚持"不求所有、但求所用"原则，探索"人在彼地，才在此地"的汇智聚才"德清模式"，不仅破解了高端人才引进难的问题，而且推动了重点项目建设发展与重点产业提档升级，真正走出了一条不同寻常的柔性引才之路。

力促"院企合作"，不求所有，但求所用

教授级高工、国务院特殊津贴获得者高欢，是浙江兆龙线缆有限公司从上海电缆研究所柔性引进的"南太湖特聘专家"，他主持了双方

10多项产学研项目，获得了专利、新产品、标准等20多项成果，兆龙尊才、爱才、用才的氛围，让他对双方未来的合作更加充满信心，高欢说，今后他的目标是，继续以产品研发和成果转化为重心，积极推动"上海电缆研究所——兆龙人才科技创新基地"的建设，力争将其建成国内通信线缆行业的产学研合作示范。

众所周知，以"星期日专家"这一雏形发展起来的产学研成功结合的"德清模式"，曾在全国引起了广泛关注。经过30多年的探索实践，"星期日专家"的引才方式也随着社会发展而不断"升级"。在德清众多企业里，越来越多像高欢这样的人才，不仅仅是星期天的专家"坐堂门诊"，而更是将企业和院所合作共赢当成己任，全心全力为企业当好"智囊团"。

来到如今的德清县高层次人才服务中心，沿着走廊往里走，中科院长春应化所、浙江大学、浙江工业大学等6个转化中心的门牌依次排开，这些重量级的科研院所入驻德清，正是看重了该县"院企合作"的悠久历史和浓厚氛围。这些富含科技含量的转化中心已累计为德清柔性引进高端人才300余人，其中"两院"院士10余人，"千人计划""万人计划"人才20余人，直接服务企业200余家。

一个个实例表明，科研院所与德清县高新技术企业的深度融合，正成为企业创新升级的有力推手，成为德清县打造产业升级版的重要支撑力量。

巧搭"柔性平台"，不求常在，但求常来

破解企业引才难题，关键在于选准和搭好引才载体，构建有利于人才施展才华的平台。德清县通过政府搭台、企业唱戏的模式，鼓励和支持企业建立创业创新平台，为柔性引进人才开展技术攻关研究提供载体，实现企业借智登高、引智发展的目的。

早在 2008 年，升华拜克依托华东理工大学国家生化工程中心，不惜重金打造了该县第一个国家级博士后科研工作站，为项目研究和人才培养创造了良好条件。在升华拜克的样板带动下，随后几年内，德清不少重视人才培养和科研创新的企业，也积极筹建起博士后工作站等创新平台。

而就在 2013 年 9 月，从德华集团也传出好消息，该公司与中国工程院院士李坚合作共建的兔宝宝院士专家工作站被评为省级工作站。工作站研发的"负离子功能型保健板材"已经通过省级工业新产品鉴定，拿到了两项国家专利。公司董事长丁鸿敏激动地说："李院士研发的保健板材走进了 APEC 会场，我们 2014 年的销量翻了一番。"

德清县已有省以上博士后工作站、院士工作站、企业研究院、技术（研发）中心近百家，累计柔性引进高端人才 1200 余人。这些平台在德清先进装备制造、生物医药、装饰建材、地理信息经济等重点产业已落地生根，逐渐成为企业借力高端"外脑"谋"突围"的重要载体。

同样，德清投入 1.5 亿元重金正在全力打造的"千人计划"产业园，又是一个县域引才"强磁场"。2014 年浙江省海高会 60 多位"千人计划"专家在参观后惊叹"一个县域居然能够大手笔打造如此高端的人才平台，这在国内外都是比较罕见的"，纷纷表示有机会要到德清创业创新。

优化"政策体系"，拴心留人，服务创新

优越的人才发展环境往往会带来人才和项目的集聚效应，近年来德清不断优化和完善"柔性引才"政策体系，相继出台了《关于进一步加强引进和培育高层次创业创新人才的若干意见》等"1+N"人才政策，在人才平台建设、人才项目申报、人才培训培养、人才生活保

障等方面提供全面扶持资助。

为了更好地为越来越多的外来人才服务，德清县相继建立了高层次人才服务中心、高层次人才俱乐部，并开展特聘专家、科技帮扶企业优秀特聘专家评选，激发人才创造活力。同时，为了解决人才的居住问题，德清县还启用了200余套人才公寓，让各类创业人才"拎包即住"，无忧创业。针对外来人员的户口、子女教育等问题，推行"一区三卡"人才服务，提供绿色通道。在浙江泰普森集团有限公司，更是落实到企业员工衣食住行的方方面面。泰普森总裁杨宝庆说："企业已连续10年为人才购买春运车票，每年都要花费五六十万。"虽然是微不足道的一张车票，但也逐渐体现出企业对人才的重视。

武汉大学的技术转移中心落户德清，看中的正是位于德清的省地理信息产业园的政策优势，而该中心的引进，也为德清带来了一支领军人才团队，同时提供了技术研发和科技成果转化上的支撑。德清县创建的全省第一家人才科技银行每年提供5000万元专项资金用于人才创新投入，为"柔性引才"创造了条件。

在政策的支持下，柔性引才"德清模式"有了更深度的发展。德清通过实施"南太湖精英计划"，引进30余家人才、科技中介机构，重点引进领军人才和创新团队，实现分散引才向整体引才的转变。

在人才和科技创新上不惜重金，也是德清引才的关键。德清县还专项安排了1000万元用于科技创业园的建设和提升，成功创建国家级科技企业孵化器，引进海外高层次人才创业团队30余个，集聚硕博士人才100余名。科技新城重点打造浙江省地理信息产业园，已与60家地理信息企业签订协议，投资金额达66亿元，并与70多家科研院所、高校签订了合作意向书，定向开展人才引进培育和技术研发。此外，德清县还引进人才猎头公司、风险投资和科技担保投资公司，从原来的"产、学、研"相结合逐步演变成为"政、产、学、研、金、介、用"相结合的新"德清模式",在柔性引才和区域创新的道路上越走越快。

学者点评

　　德清县在招才引智方面,体现出"不求所有、但求所在、不求所在、但求所用"的创新原则。这种"德清模式"为该县近年来的转型升级,塑造人才高地提供了有力支撑。无论是"周末专家"、"院校团队"、还是"培育自主研发人才",一路走来,企业牢牢抓住"产学研"良性互动这一主线,提供了一个个人才兴企的典型案例。这一模式很快引起了政府的高度重视,由点带面地培育企业实施人才兴企战略。政府在营造人才环境上新招不断,在省内较早地建立人才管理的配套办法,为涌现出一批又一批的华莹奠定了良好基础。

"一企一策"开创人才量身定制时代

2014 年以前，长兴县很多企业对科技人才平台载体的政策和项目不甚了然，也谈不上对企业人才工作的长远规划，更舍不得在创新载体和人才引育上多加投入。部分企业有引进人才的打算，但是苦于缺乏引进人才的信息渠道和方式方法。为了解决实际难题，长兴县人才工作"一企一策"应运而生。

量身定制规划，让企业知道"抓什么"

在浙江盛发纺织印染有限公司董事长杨文龙办公桌上，有一份被其称之为"法宝"的资料，就是"一企一策"。

近年来，尽管已经意识到淘汰落后印染设备、进军高端印染市场是发展的必由之路。"自己摸着石头过河，一直磕磕碰碰，没有什么大的突破。"杨文龙坦言，由于缺乏对口人才的专业指导，公司的转型升级一直找不到出路。就在杨文龙一筹莫展之际，县委人才办开展的企业人才工作"一企一策"给他带来了希望之光。

杨文龙所说的"一企一策"，就是 2014 年县委人才办牵头推出的一项人才工作创新机制，通过综合企业规模、人才基础、创新投入、技术支撑等要素，在全县 601 家规模以上企业和 232 家科技型企业中遴选确定了 102 家企业，将"千人计划"、"南太湖精英计划"、院士专家工作站、省级企业研发中心等 10 项工作列为重点指标，经过企业自主申报、部门审核把关和政企对等协商等三步骤后，为每个企业量身定制《"一企一策"计划书》，盛发纺织就是其中一家。

在"一企一策"的引导下，通过科学制订人才培养规划，建立健全培训、奖惩、用人机制，盛发纺织实现了员工队伍从数量、质量到结构的改善，加速了企业转型升级的步伐。在县委人才办的帮助下，盛发纺织引进了纺织专家顾浩，一年多来公司研发的新产品超过20多款，其中仅"纳米功能性军用面料"这一款面料，一年就可以为盛发带来1亿元的产值。"作为我们的主打产品之一，这款面料相比普通面料，具有强度大、耐腐蚀强和透气性好等特点，广泛用于军事服装、设备制造。""这些都是'一企一策'给公司带来的新变化。"杨文龙对"一企一策"赞不绝口。

除了盛发纺织外，天能、超威、诺力等长兴知名企业也相应制订了人才发展目标规划，例如，天能集团根据"一企一策"，计划年度内引进1名省级"千人计划"专家；超威集团将企业的引才重点放在材料学、动力电池研究以及智能型电池研发上；中山化工重点是创建院士专家工作站；等等。这些都是县委人才办根据企业自身发展的实际情况，与企业协商共同制定的。

"一企一策"指标采用动态调整的方式，每年年初集中开展走访调研活动，根据企业的实际需求，对重点指标进行调整。2015年，重点指标扩展到12项，新增了教授博士柔性工作站、省级中小企业技术中心，旨在引导企业搭建人才创新干事的平台。

坚持赏罚并重，让企业自觉"我要抓"

想要企业积极开展人才引育工作，仅靠企业对人才工作重要性的主观认识是远远不够的，为此，长兴县出台了一系列奖惩措施。

从2014年开始，长兴将"一企一策"推进情况作为企业人才工作考核的一项重要内容，对"一企一策"目标任务实现突破的，可直接认定为考核先进单位；对完成不理想的企业，直接降低一个考核等次；对"千人计划""南太湖精英计划"等重点目标未完成的，不论其他基础性指标完成情况如何，均取消企业年度评优资格。"奖金倒是其次的，其实大家比的就是一股劲、一种荣誉感"，特别是天能、超威等龙头企业，每年都要为"争第一"较量一番。

在评优评先的同时，与该企业享受工业、科技政策相捆绑。"年度企业人才工作考核分为人才引进数量、人才引育积分两个方面，主要取决于'一企一策'完成情况，上述两个指标年度考核均不达标的企业，取消享受相关奖励优惠政策资格；其中一项指标不达标的，按50%享受奖励优惠政策。"人社局的一位工作人员一语道出了企业为何如此重视"一企一策"工作的"天机"。"像天能、超威等龙头企业，就工业经济政策享受方面，一年就有2000多万元；其他一般的规模以上企业，也要10万元左右，这可是纯收入。"不难想象，"捆绑式"考核的力度之大。

由于"一企一策"完成情况与企业享受政策兑现相捆绑，所以指标任务的制定非常难。2014年，每个企业的计划书前前后后对接不少于3遍。2015年，在前期调研的基础上，结合"工业创强"要求，按照"体现加压"的原则，对50强重点培育企业提出了3年内至少完成一项重点指标任务的要求，并写入了"一企一策"。

此外，为进一步提高乡镇部门对该项工作的积极性，长兴又将辖区内各企业"一企一策"年度目标纳入各乡镇（园区）人才工作考核指标，尤其提高海内外高层次人才引进、创新载体建设方面在人才考核中的占比，增强乡镇的责任意识，发挥好乡镇班子联企的作用，形成人才工作镇企相互依靠、共同推进的良好局面。

强化指导推进，让企业明白"怎么抓"

为指导和帮助企业推进"一企一策"实施，采取"走出去、请进来、相互学"的方式，开展分条线、分层次、分批次培训，加强对企业负责人、人力资源经理和紧缺专业人才的培训。同时，由县委人才办牵头，人社、经信、科协、科技四个部门参与，形成联企服务"1+4"长效机制，对"一企一策"主体企业实行分行业分片区跟踪联系，指导督促企业人才工作推进。

2014年度，组团服务组成员先后3次上门服务，到联系企业和企业负责人一起探讨、商量企业人才3年的发展目标和具体的引才举措，还专门组织了培训会，指导企业抓好"一企一策"实施。"为抓好'一企一策'实施，公司专门派我到县委人才办挂职学习了3个月，在县委人才办的帮助指导下，2013年公司成功引进了陈冰博士，并顺利入选了2014年国家'千人计划'。在各部门的指导下，2013年公司创建了市级院士专家工作站，争取人才科技项目、平台建设等各类奖励补助超过1000万元。"浙江中山化工集团股份有限公司行政副总朱宏菲说。

组团服务不单单指导企业怎么抓，还积极帮助企业牵线搭桥、引荐人才。为此，2014年县委人才办通过加强与浙江大学校友会的合作，专门在北美、新加坡、澳大利亚等地设立了4个海外引才工作站、聘请了海外引才大使，并与知名中介海角网建立了合作关系，广泛收集与县域主导产业转型升级相符合的高层次人才信息。

当得知超威集团想要引进一名锂电池方面的外国专家时，县委人才办通过海外引才工作站、人才中介、上级部门的渠道多方收集这方面的人才信息，最后帮助企业成功引荐了日本专家樽井久树博士，双方一拍即合。樽井久树博士也成功入选了2014年国家"千人计划"。这样的例子还有很多，比如，天能集团的高级顾问、国家"千人计划"专家赵金保教授，国家"千人计划"专家李文博士，还有前面介绍的盛发纺织公司的顾浩等，都是由县委人才办帮助引荐到企业的高端人才。

"'一企一策'的实施，较好地调动了广大企业的积极性，2013年长兴县在"千人计划"、"南太湖精英计划"、领军型创新团队和重大创新载体建设方面都取得了较好的成绩。"县委常委、组织部长宋波介绍说。据了解，2014年，长兴县引进入选国家"千人计划"项目3个、省级"千人计划"项目5个、湖州市"南太湖精英计划"项目19个、培养省"151人才工程"第一层次培养人员2名、省级领军型创业创新团队1个；创建国家级企业技术中心1家、省级院士专家工作站1家、省级企业技术中心2家、省级工程技术研究中心2家，多项工作创造了历史最佳。

学者点评

企业作为各类人才重要的载体，发挥着整合各类人才聪明才智的重要作用，因此政府的人才工作必须充分发挥企业的主体作用，认清人才与企业不可分割的联系。但是在不少地方，引才工作更多的是政府在主导推动，企业的主体作用不够突出，引才工作变成政府自弹自唱的"独角戏"。长兴县探索"一企一策"，建立政企联动的人才工作机制，帮助解决好企业引才遇到的实际问题，提升了企业的引才意识和热情。未来政府可通过加大人才载体建设、创建科技研发平台、深化产学研合作模式、组织企业外出招才、加强柔性引智等多种渠道，为企业引才搭好平台。

农村实用人才引领美丽乡村建设

开发计划

湖州市安吉县，从 2008 年开始，在全国率先建设"中国美丽乡村"，目前全县 187 个村（社区）实现创建全覆盖，建设经验成为全国样板。这里，村村打造了一个特色品牌，带动产业提升、群众致富。这里，集聚培养了一批涉及美丽乡村规划、建设、管理、经营等方面的创建带头人，为美丽安吉发展出谋划策、贡献才智。

目前，安吉县共培训美丽乡村实用人才 10 万余人次，遴选培育"美丽乡村领军人才"122 名，带领完成村庄规划 56 个、开发乡村休闲旅游项目 60 余个，建成美丽乡村精品示范村 18 个、特色产业示范村 20 个，成功培育了一批美丽乡村建设"土专家"。

技能提升引领人才创业创新

人才哪里找？主渠道是挖掘和培育。美丽乡村建设需要大量的人才支撑，多渠道引育是关键，深度挖掘人才资源，按需培育领军人才，为美丽乡村建设输送精英人才。

依托湖州农民学院安吉分院阵地作用，从农村实用人才队伍中，遴选一批农林业领头人，分别编写美丽乡村传记、组建美丽乡村讲师团，开展乡村旅游规划、水利设施新建等美丽乡村建设实体讲学，挖掘培育美丽乡村建设能工巧匠。对接浙江工业大学、浙江农林大学等知名高校，邀请专家教授结对美丽乡村建设带头人，指导开展项目研究、学术交流、课题指导，培育一批创业创新领军人才。定期举办"中国美丽乡村大讲堂"，每年分 10 期邀请省内外专家，开展美丽乡村建设循环经济、节能降耗、污控治理、高效林业运用等系列大巡讲，开阔眼界，提高认识，为美丽乡村建设破解发展难题。

吴子伟是省"151"人才，省农业科技人才，曾撰写浙江省肯德基门店食品加工四大标准，还是香吧佬食品终身顾问。10 多年前，为了自己的生态农业梦想，吴子伟选择扎根安吉县山川乡，养鸡养羊，种菜种瓜果，免费培训当地农民。他给自己的定位是"做一个有知识的农民"，因为他十分清楚一车蔬菜从山川到杭州所需的时间恰在保鲜期内，所以选择了在山川做农民；正是因为他是农业方面的专家，才走村入户为当地农民免费培训，倡导生态种养，引领村民致富，加快美丽安吉建设……

因地制宜发挥人才引领作用

培养优秀人才是用好人才的关键，根据人才发展使用的需求，建立按需用才导向，不断拓宽人才使用途径，提升人才各方面综合素质，在新常态下，靠前服务、主动出击、精准施策，引领美丽安吉创新发展。

安吉历来重视对人才的使用，以不同的形式，创设条件为人才作用发挥铺路子。先后选派一批"美丽乡村领军人才"赴嘉善缪家村、桐庐环溪村实地调研考察，以座谈交流、示范点走访等形式，掌握当地"三改一拆""五水共治""美丽乡村建设"等先进经验和做法，分析查找当前建设中存在的问题，针对性整改，提升精品度。结合县委集中攻坚活动，建立集中攻坚制度，从乡镇（街道）抽调专人分期赴递铺港、梅溪码头等地，开展"五水共治""山青水净"等服务活动，指导项目建设、技术支持，全力服务推进项目更快发展。同时，以村为单位，分别征集建立美丽乡村重点项目建设需求目录，由辖区内人才领办建设项目，具体负责认领项目实施工作，为"美丽乡村建设"提供强大的人才支撑。

安吉县梅溪镇荆湾村村民何百顺是村里公认的蚕桑种植高手。通过土地流转，他种植了 4.3 公顷优质蚕桑品种，培育成了一片高产桑园。致富不忘村里人，2010 年 7 月，何百顺带头组建了梅溪镇荆湾村蚕桑专业合作社，帮助社员加工鲜茧，指导蚕农科学种桑养蚕，帮助解决农村剩余劳动力就业。在他的带动下，全村桑园面积已发展到 33 公顷多，不但取得了很好的经济效益，推动了村里蚕桑产业的发展，也实现了社会效益、生态效益的双丰收。现如今像何百顺这样的农村实用人才层出不穷，为美丽乡村建设添上了有力的一笔。

健全机制优化人才助创环境

环境优，则人才聚，事业兴。强化服务保障，优化人才环境，进一步激发人才创业创新热情，切实增强领军人才对农村工作的积极性和内生动力，推进"美丽乡村建设"超常态发展。

新政策犹如巨大的"磁场"，不仅吸引了本土的人才基层创业，服务百姓，带动农户致富。就连远在外地的人才也纷纷回乡创业。张红娟是外地某高校的一名营养学教师，2012 年，她利用业余时间在安吉办起了一家有机肥企业。"虽然看似风马牛不相及，但其实相通，都是为对方调理'身体'。"张红娟说，自己有机肥的主营业务就是为安吉白茶提供独家"配方"，缺什么补什么。为此，张红娟还聘请了浙江大学的退休教授作为自己公司的顾问，开展测土配方，保证自己的有机肥是有针对性地对植物进行调理。经过两年多的发展，公司日益壮大，并带领周边的村民经营白茶，成为村民致富的引路人。

着眼于领军人才培养、使用管理、服务保障等要素，制定出台《安吉县"美丽乡村领军人才"开发实施办法》，为人才创业创新提供保障。按计划举办"美丽乡村领军人才"培训班，提高领军人才服务美丽乡村的能力水平。资金是项目实施的保障，如何争取更多的资金扶持项目是工作重点，每年积极向县财政申请，专门列支人才经费用于项目实施。树立乡镇（街道）用人导向，督促建立培养机制，并将实施绩效纳入当年全县人才工作考核范围。每年组团对"美丽乡村领军人才"进行实地考核，按照环境提升、污水治理、村庄规划等8个类别22项，分层分类推进实施，并将考核结果作为评优评先和各类补贴发放的前置条件，进一步激励领军人才创业创新。

学者点评

农村农业相较于城市工业是人才的洼地，新农村建设相较于城市建设更需要人才的支撑，如何在新农村因地制宜挖掘和开发出美丽乡村建设所需要的规划、建设、管理、经营等方面人才是摆在县域领导面前的难题。安吉县提供了较好的答卷。首先，安吉县委、县政府牢牢树立人才优先的理念，准确把脉地方经济特色对人才需求，制订"5211"中国美丽乡村人才开发计划，确立了在循环经济建设、生态环境保护、林业产业发展等领域的农村实用人才和美丽乡村领军人才的建设目标。其次，政府通过政策扶持和资金支持助力人才到基层创业，并通过政府牵头推出"专家＋合作社""人才＋合作社""智力＋联盟"等多种柔性引才模式，推广先进农业技术助推产业提升。安吉案例成功诠释了经济后发县域政府准确定位和主导人才工作的重要性。

六 绍兴案例

Shaoxing

Cases

鉴湖英才"精英贷" 助推人才创新业

绍兴市柯桥区拥有国际纺织之都的美誉，这里有目前亚洲最大的轻纺专业市场——中国轻纺城，民营经济、工业经济和纺织产业是柯桥区的立城之本，也是推进产业转型升级的重中之重。

当前，无论是民营经济的发展，还是纺织产业的转型升级，必须依靠创新驱动，而创新驱动的"原动力"就是人才。因此，2012年柯桥区开始实施"鉴湖英才计划"，力争到2015年年末在柯桥区创新创业的"鉴湖英才"达到15.5万人。

截至2015年3月，柯桥区已集聚"鉴湖英才"14.52万人。其中，国家"千人计划"人才11人，国家"万人计划"人才1人，省"千人计划"人才13人，绍兴市"330海外英才计划"人才62人，创建省、市级院士专家工作站9家，其中省级院士专家工作站2家，入站院士12人。

英才创业融资贷款难

随着柯桥区"鉴湖英才计划"的深入实施，国内外高层次人才纷至沓来。他们落户柯桥后，为这座城市带来了"春夜喜雨"：转型升级步伐明显加快，服务业产值占比逐年上升，社会事业发展水平全面提升。

"对于我们来说，要想把自己的作用发挥到最大，最好的办法是回国创业。"毕业于美国莱斯大学的王传跃博士如是说。2011年，她选择到柯桥创办了浙江美华鼎昌医药科技有限公司，这是一家从事多肽及缓释制剂仿制研发和产业化的公司。她希望通过这一前景广阔的产业，创造出人生和经济的双重价值。

初到柯桥，王传跃博士几乎就是从零起步，没有足够的资金成为困扰她创业的主要问题。王传跃说，生物医药公司在前期研发上投入较大，产出效益时间也较长。柯桥区政府给予公司300万元项目启动资金，帮助公司顺利启动，但后续资金依然紧张。

遇到"钱紧"问题的不仅仅是王传跃博士。对于高层次人才来说，虽然有政府的相关扶持，但公司要长期发展，光靠政府支持是不够的。人才想通过银行贷款的方式解决资金难题，但由于缺少住房、厂房、设备等固定资产作为抵押，很难申请到银行贷款。

无须担保可最高贷款 50 万元

2014年年初，为帮助高层次人才解决融资难题，柯桥区政府和柯桥区联合村镇银行，创新推出了"精英贷"，具体投向对象为带技术、带项目、带资金来柯桥区创业，经评审入选绍兴市"330海外英才计划"和省、国家"千人计划""万人计划"的"鉴湖英才"所创办的企业或本人。

"精英贷"包括信用贷款、百分百抵押贷款、权利质押贷款、租金贷款等多个产品。其中，信用贷款根据申请人项目实施进度、资产负债、收入支出、信用记录及还款能力等状况综合确定，最高额度可达50万元，无须担保，方便快捷。知识产权质押贷款是以其合法拥有的专利权、商标权、著作权为质押物的贷款服务，质押折率最高可达评估价的 30%，额度最高可达 500 万元。

"精英贷"贷款条件宽松，方式灵活，贷款产品的用途包括采购设备、生产经营、支付租金等，可以满足"鉴湖英才"各种融资需求，帮助他们在柯桥安心发展，这大大提升了柯桥区对高层次人才的吸引力。

解决"钱紧"带来发展新活力

绍兴极限子软件有限公司总经理张克勤博士是第一批"精英贷"受益人。

2012 年张克勤到柯桥创业。对于他来说，最值得骄傲的是多年求学的成果，他相继在上海交通大学、北京大学、美国佛罗里达大西洋大学、美国西北大学、美国伊利诺大学芝加哥分校等高等院校获得了流体力学、海洋工程、应用数学、机械工程等专业的硕士、博士学位。

但即便顶着"学霸"的头衔，张克勤创业时面对资金不足也束手无策，按照他的话说，学位证书不能在银行抵押获得贷款，成了他的困扰。但随着"精英贷"的出台，张克勤第一时间就申请到了 50 万元无担保无抵押的信用贷款。

有了政府扶持资金和银行贷款后，张克勤加速开发公司的 CAA（计算机辅助分析）软件，该软件填补了国内空白，可广泛应用于航空、汽车、建筑、地震、能源、材料、生物医学、物理、电子与通信等领域的相关企业、科研院所，极具市场潜力。

同样，正在为获得"精英贷"50 万元贷款而高兴的是绍兴瑞泰电子科技有限公司总经理李瑾晓。他是绍兴市"330 海外英才计划"入选者，从事物联网技术、智能电网传感器、大功率电动汽车充电站、无线充电技术的研发、生产与销售。

但是作为一名从江苏来的"新柯桥人"，李瑾晓无法跨越的依然是有限的资金障碍。"在柯桥没有可以抵押的财物，无法从银行获得贷款。"李瑾晓说，"精英贷"帮助他解决了这一难题。

"已经有多位高层次人才申请'精英贷'，我们将继续加大服务力度。"柯桥区联合村镇银行有关人员说，银行推出"精英贷"，是对来柯桥区创业的高层次人才的信任和支持。同时，也是和企业共同成长，共创美好未来。王传跃博士充满信心地说，浙江美华鼎昌医药科技有限公司 2014 年销售额超 1000 万元，相信很快就会成为柯桥乃至绍兴地区一家拥有较强实力的生物技术制药公司。

相继推出多项金融扶持政策

"精英贷"的推出，深受"鉴湖英才"欢迎。于是，柯桥区又推出了多项金融扶持政策。

比如，对"鉴湖英才"创办的企业，有风险投资跟进的，政府按风险投资额的 3% 给予最高 50 万元跟投；提高银行贷款贴息额度，对入选国家、省"千人计划"、市"330 海外英才计划"项目获得银行贷款的，在最高贷款额度 200 万~1000 万元内，按一年期贷款基准利率予以一年全额贴息。

"鉴湖英才计划"一直在实施，也一直在与时俱进。"精英贷"作为"鉴湖英才计划"的创新举措，有效解决了人才贷款难、融资难等现实问题，帮助人才在柯桥区实现他们的创业梦想。

让梦想开花结果，让人才引领未来，但愿有越来越多的高层次人才选择柯桥，带动柯桥新一轮产业转型升级，让柯桥这座城市永远充满生机、活力！

学者点评

　　对于高层次创业人才，最需要得到的是什么支持？创业资金！相比于创新资金，创业资金一般投入更大，申请更不容易。特别是来自外省和海外的"金凤凰"，由于缺少住房、厂房和设备等申请银行贷款所需的抵押物，更只能感叹"巧妇难为无米之炊"。绍兴市柯桥区人才办在实施"鉴湖英才计划"过程中，针对这一难题积极发掘本土金融资源，协同村镇银行推出"精英贷"配套服务。"精英贷"不但产品类型多，有信用贷款、百分百抵押贷款、知识产权质押贷款、租金贷款等多种方式，而且大胆创新，开发了如政府随着风投跟投的"私人订制"衍生产品。"精英贷"金额不能算高，但从本地实际出发，为人才提供雪中送炭的最需要服务，是这项工作成功的关键。

构筑人才集聚地　翩翩凤凰栖上虞

着力打造人才集聚高地

"回国主要致力于光学科技开发，让国内孩子延缓近视加深。"现任浙江依维视光学科技有限公司总经理的海归人士邵海平坦诚地说。这位美国俄亥俄州立大学材料科学与工程的博士，在美的工作履历异常丰富，先后担任过美国通用汽车公司工程师、爱迪生研究所院士、波士顿科学院院士。2013 年 6 月，他怀揣开发光学研究产品的梦想，从美国回来与朋友合伙创业，当年入选省"千人计划"人才。

随着近年来"人才强区"战略的深入实施，越来越多像邵海平这样的海外人才引进到上虞，成为提升企业核心竞争力、助推产业转型升级的重要支撑。截至 2014 年年底，全区企业人才达到 141624 名，其中企业经营管理人才 38429 名，专业技术人才 75013 名，高级工以上技能人才 28182 名，企业人才占了全区人才总量的 85.2%。包括国家"千人计划"人才 2 名、省"千人计划"人才 7 名、绍兴"330 海外英才计划"专家 14 名。

善待人才才能留住和引进更多的人才

近年来，上虞区出台完善了一系列政策文件，来吸引、留住、激励人才。其中，最具影响力的是形成了企业高层次人才"引进补助、培养奖励、创业资助、税收减免"四位一体的政策体系。如企业人才购房货币化补助政策，采取政府引导、企业配套的形式，对人才购房给予 20 万 ~100 万元的货币补助，财政累计补助购房资金达 5695 万元。推进人才公寓建设，总投资 6.89 亿元、建筑面积 14 万平方米的人才公寓于 2015 年正式交付使用，在首轮认购中，共有 154 家企业认购 564 套人才公寓。不少企业还纷纷建造了自己的人才公寓，如金盾公司投资 2 亿余元建造金盾家园。同时，建立企业高层次人才"绿卡"服务制度，对企业高层次人才来虞创业和工作实行就医绿色通道、子女按需择学、配偶工作对口安排、定期疗休养等政策，引导各类优秀人才向企业集聚。

善待人才才能留住和引进更多的人才。通过建立"政府搭台、企业唱戏"的人才引入机制，采取多种形式，积极拓展引才引智渠道。近三年每年引进各类人才在 8500 名以上，其中硕士及副高以上高层次人才 250 名以上。进一步深化产学研合作关系，采取聘用、兼职、参与课题研究、技术咨询等形式柔性引进人才，目前全区已有 410 余家企业与 240 余所院校合作联姻，聘请了 850 余名教授、博士生担任企业特别顾问或"客座专家"，成为地方经济发展强有力的智力支撑。同时，始终坚持把人才环境建设作为引才、留才的重要举措。每年对企业高层次人才进行走访慰问，结合"进企业、解难题"活动，为企业解决人才工作难题提供指导和帮助；扎实开展人才工作示范点建设，重点培育 15 个人才工作示范点，以点带面推进企业人才工作；组织开展"专业技术拔尖人才""十佳高技能人才"等评比表彰和宣传活动，举办科技节、人才宣传月等活动，营造重才爱才社会环境。

在区委、区政府的积极引导下，上虞许多企业建立健全了引育并举的聚才机制、公平竞争的选才机制、人尽其才的用才机制、系统多元的爱才机制，一些企业还建立了技术入股、期权激励等薪酬激励体系和医疗补助、带薪年休假、购车补贴等福利保障体系，为各类人才创新创业营造了心情舒畅、潜心干事的良好环境。

上虞佑谦特种材料有限公司研发部主任杨明君说："无论是政府层面还是企业层面，各类政策都能及时落到实处，对于人才集聚是很有活力的。我来上虞这么多年，工作、生活从来没有后顾之忧，可以全身心地投入到项目的科研开发和技术创新上。"

为人才搭建创新创业的平台

浙江启明生化科技有限公司是一家高科技制药企业，目前公司高层均由具有多年在欧美国家工作经验、对国内外制药领域较熟悉的10多位海归人士担纲，形成了一支强有力的领军团队。担任启明公司技术总监的卢扬锡，是美国麻省理工学院的博士后，在美国工作生活30余年，已在国际药学研究领域取得辉煌成就。他说："上虞在区位、交通和产业发展等方面很有优势，又有这么好的政策和产业导向，尤其是有效搭建了许多创新创业的平台，对我们这样的人才密集型企业来说，是很有吸引力的，所以没有理由不来上虞做一番事业。"

为了给人才一个一展身手的舞台，上虞区政府出台奖励政策，鼓励企业建立博士后科研工作站和各类技术研发中心，目前全区共建立了5个国家级和1个省级博士后科研工作站，91家国家重点扶持高新技术企业，54家省级以上企业研究院（研发中心）。按照组织健全、制度完善、队伍精干、运行规范、成果突出的标准和要求，规范科创平台运行管理，充分发挥各类科创平台在科技创新和人才培养中的作用，先后组织实施了"百个科创平台提升计划"。如浙江卧龙集团通过构建多层次的人才创新平台，鼓励人才自主创新。在集团层面，建立由8名院士专家和7名企业技术精英组成的技术管理委员会，破解集团中长期产品研发中的技术难关；在产业层面，建立卧龙杭州电气技术研究院、国家级博士后科研工作站，专门研发高压变频器、磁悬浮轨道交通技术、伺服驱动控制等电气技术；在项目层面，加强与著名院校之间的产学研合作，如与浙江大学共同开发"磁悬浮轨道交通技术"项目，与哈尔滨工业大学共同研发"磷酸亚铁锂电池"项目等。

如今，上虞已把人才创新平台建设提升到一个新的层面。按照"一个主导产业对接一所具有强势学科的综合性大学"的目标，系统整合现有区级公共创新平台资源，与复旦大学、浙江工业大学等综合性大学成立上虞研究院。这种新型的合作创新平台，将有力推动化工、照明等几大主导产业科技进步和转型升级。

强化对各类人才的培训培养

浙江龙盛每年的人才培训培养经费支出在 1500 万元以上，每年用于技术研发的投入占到公司销售总额的 3% 以上。如染料事业部副总章建新只有高中学历，通过定点培养深造，逐步从基层班组长成为技术和管理能人，他担任副总后，染料事业部的生产效率和产品品质得到明显改善。龙盛董事长阮伟祥说："人才是可以培养造就的，人才经费需要多少就用多少，人才经费永远没有预算。"

在对人才的培训培养上，上虞区做到不拘一格，坚持以需求为导向，采取自主培养与借力培养、政府引导与企业主导、院校进修与实践锻炼相结合的方法，使越来越多的企业经营管理人才、高层次人才、高技能人才得以涌现。

在企业经营管理人才培养上，先后与清华大学、上海交通大学、浙江大学、台湾健峰集团等知名培训机构合作，五年来举办工商管理总裁高级研修班、企业经营管理人才战略思维研修班、上市金融知识培训班、职业经理人培训班等 40 余期，累计培训企业经营管理人才2500 余人；在企业高层次人才培养上，以企校联办"硕士班"、委托培养、进修深造等方式，培养高层次人才 352 名。近年来先后共有 37 名企业高层次人才入选省"新世纪 151 人才工程"培养对象，17 名高层次人才评为绍兴市高级专家、专业技术拔尖人才，16 个创新团队列入绍兴市创新团队培养对象；在企业高技能人才培养上，完善高技能人才培养资助办法，发挥区职教中心、职业中专以及社会职业培训机构的作用，开展"百名技师进职校"活动，优化技能人才教育培养。2013 年开始，又启动实施了首轮"金蓝领"培养计划，深入组织开展"技能大培训"，坚持每年两次的技能大比武，新建技能大师工作室 6 家。2013 年通过企业自主评价培养技能人才 2190 名，三年中累计培养高技能人才 6200 余名。

学者点评

　　作为浙江省上市公司的摇篮之一，上虞正在逐渐从民营经济的繁荣之地转变为科技人才创业就业的集聚高地，海纳百川的人才环境日益显现。上虞的人才工作特色在于把人才强市战略落到实处，通过政府看得见的手，推进企业把尊重人才、善待人才、珍惜人才变为自觉行动。通过这些年的实践，一大批民营企业不断改善人力资源管理手段，向管理要效益。形成了聚才、选才、用才、育才的良好机制，技术入股、期权激励等薪酬激励体系也逐步推开，成为上虞企业的软实力，为上虞人才工作引领地方经济、社会发展夯实了基础。

十万人才引领产业转型升级

诸暨是百强县（市），也是浙江省工业强县（市），拥有袜业、珍珠业、铜加工及新型材料业、机电装备制造业、纺织服装业和环保新能源产业等现代产业，其中，上市企业就有 14 家之多。

诸暨又是人才大市。全市现有入选国家"千人计划"专家 1 人、省"千人计划"专家 6 人、绍兴"330 海外英才计划"专家 23 人，兑现创业创新启动资金 3037 万元；有市级重点创新团队 10 家，绍兴市级重点创新团队 9 家，省级重点创新团队 6 家，在全省县（市）中位居前列。

人才发展与产业发展历来是相辅相成的。2010 年，市委、市政府先后出台了"1+6"人才政策，重点引进两院院士、国家级重点人才等 8 类人才和以海外人才为重点的高端人才。目前，全市已有各类产业人才 10 万余名，他们在各自岗位上挥洒智慧和汗水，引领着诸暨产业转型升级。

一个院士专家工作站和两个国家"863 计划"项目

浙江菲达环保科技股份有限公司，一家地处基层的我国大气污染治理的龙头企业，先后承担了两项国家"863 计划"项目，这着实让许多企业"羡慕嫉妒恨"。公司董事局主席舒英钢感慨地说，菲达科研上取得的重大成就，离不开院士专家工作站的鼎力相助。

2010年，菲达环保与浙江大学组建了院士专家工作站，聘请了中国工程院岑可法院士为名誉站长。岑可法院士是浙江大学能源工程学院热能工程所所长，在洁净煤燃烧、能源与环境工程领域具有深厚的学术造诣，其专家团队在国内该研究领域具有举足轻重的地位。其实，早在1993年，菲达环保便与岑可法教授有了接触和合作，共建了一个脱硫实验室，研究脱硫技术，在资源化能源利用、洁净煤燃烧与气化技术、能源与环境系统工程等领域具有深厚的学术造诣。

目前，菲达环保院士工作站有3名教授、3名副教授和多位博士生、硕士生在站，菲达环保也为工作站配备了30多位技术骨干。该工作站成为驱动菲达环保发展的助推器，为企业科技创新、人才培养和成果转化发挥了重要作用。2012年，菲达环保承担的"十一五"国家"863计划"项目《大型燃煤电站电袋复合除尘技术与装备》通过科技部验收。项目为解决我国燃煤电站的烟尘排放、改善大气环境做出了贡献。2013年，菲达环保承担的《燃煤电站PM2.5捕集增效优化技术与装备研制》项目再次列入国家"863计划"。项目针对我国燃煤电站PM2.5治理，为我国日益严峻的雾霾治理提供了技术支撑。

近年来，诸暨市不断加大对院士专家工作站建设的推动力度，对新建各级院士专家工作站给予10万~20万元的科研经费补贴。通过院士及专家团队与企业科技人员的合作和"智本""资本"的联姻，助推企业科技创新、转型升级和人才培育，取得了显著成效。2010年以来，诸暨市已建立了9家企业院士专家工作站，均被命名为绍兴市级工作站，其中，菲达环保成为绍兴市首家省级院士专家工作站，菲达环保和洁丽雅还列入绍兴市首批院士专家工作站成果产业化培育基地；光裕竹业有限公司凭借院士东风，参与的竹木复合结构理论创新与应用项目荣获2012年国家科技进步二等奖。

一位外国专家和一家最大汽车转向系统供应商

仅仅 14 年时间，全兴精工集团就与玉柴、东风、陕汽、江淮等 30 多家著名的生产厂家建立了长期合作关系，与美国 TRW、纳威司达、通用德尔福，印度 TATA 等世界 500 强企业配套，发展成为国内汽车转向系统制造行业中最强、最大、最全、最专、出口量最大的供应商。

全兴精工集团壮大的底气来自技术支撑。2006 年，全兴精工集团柔性引进韩国专家金垣镐，聘其为公司的技术总工程师，主要负责带领公司的研发团队，开展系列技术研发工作。任职期间，金垣镐一直从事助力转向系统产品的设计和研究工作，不断革新技术，改进质量，先后承担多种新产品的开发任务，积累了丰富的技术经验和项目开发管理经验。

在金垣镐的带领下，全兴精工集团打造了一支年轻化、专业化的技术队伍，形成了一整套完善的技术体系，取得了多项科研成果和专利。他带领的整个团队研发新产品 20 多项，其中 8 项通过省级新产品鉴定，技术处于国内领先水平。在专利申请方面，已授权的外国专利 5 件、国家专利 24 件。此外，金垣镐还参与起草了汽车液压转向助力泵技术条件和汽车液压转向助力泵试验方法两项行业标准。这些系列成果的获得，既降低了成本，又提高了市场竞争力，为公司创造了良好的经济效益。

近年来，诸暨市以政策激励为龙头，通过经费奖补、项目合作、服务配套等方式，加大海外引才工作力度。对入选国家、省"千人计划"和绍兴"330 海外英才计划"的海外英才给予 50 万 ~200 万元的项目启动资金资助，在诸暨购房一次性补贴 10 万 ~30 万元，贷款额 500 万元内按基准利率全额贴息一年。此外，诸暨市还与省、绍兴市外国专家局紧密合作，通过建立外国专家工作站，开展"外国专家诸暨行"活动，邀请美国、德国、英国、澳大利亚、日本、韩国、俄罗斯、印度等 20 多个国家的几百位专家来到诸暨，为企业开展科技项目攻关、解决技术和管理难题提供了有效的帮助，同时也为诸暨企业培训了一大批技术人才。

一支高层次人才团队和一个中国珍珠粉领军品牌

在中国珍珠粉行业，"长生鸟"已经成为一个响当当的品牌。这个品牌的缔造者，就是浙江长生鸟珍珠生物科技有限公司董事长阮华君。现在的消费者求新求变，紧跟时尚，只有通过不断研发，开发出新产品，才能在激烈的市场竞争中稳操胜券。为此，长生鸟打造了一个强大的由高层次人才组成的研发团队，这支团队中，有日本的化妆品工程师，还有 5 位海归人士。

2002 年，阮华君获得复旦大学经济学博士学位。他放弃上海优越的条件，返乡在阮仕珍珠有限公司担任高管。2003 年，阮华君创办浙江长生鸟珍珠生物科技有限公司，走上独立创业之路，成功研发出国际领先的物理法制备超细微珍珠粉的工艺技术。2004 年，长生鸟开始进入电商领域，成为绍兴市首家"全球十佳网商"。

如今的电商生意竞争激烈，但长生鸟依旧稳步发展着。这其中的秘诀，就是时刻把握住互联网的变化。阮华君和他的研发团队发现，近年来 PC 端流量增长趋缓，但移动端的流量快速增长，长生鸟有 60% 的交易是在移动端完成的。于是，他立马拍板，公司资源向移动端倾斜，跟上买家们的需求来发展。这个"跟上买家需求"的经营理念，对于电商企业来说意义重大。目前，长生鸟的研发团队已经推出了近百个新品，满足消费者的不同需求。

实施人才强市战略，打造创业创新人才高地是诸暨市对人才工作矢志不渝的追求。在 2010 年、2012 年相继出台引进培养优秀人才、高层次人才的专项政策的基础上，2014 年，出台了针对高校毕业生引进的优惠政策，具有大学本科学历的高校毕业生在诸暨就业创业，可以享受三年每月 600 元的租房补贴，或一次性 3 万元的购房补贴。在政策的杠杆作用下，诸暨市每年引进人才均在 5000 名以上。随着各类人才源源不断地涌入，对助推诸暨经济社会发展必将产生长远影响。

学者点评

　　经济学家罗默曾经说过，一个地区的经济增长最重要的不在于该地区人口多少，而在于该地区有多少人才。进入后工业化时代，特别是知识经济的发展，人的知识、智力、技术等智力资本与物质资本相比，其优势越来越大，对经济发展的作用也日益突出。只有高层次人才的技术和知识创新才能发展技术密集型产业并推动经济持续增长。诸暨市通过政府和民间的共同努力，每年引进各类人才 5000 名以上，通过人才资本引领本地产业转型升级的实例，值得浙江其他县（市、区）学习借鉴。

山沟沟飞进了金凤凰

新昌是山区小县,区位优势不明显,资源相对有限。多年来,县委、县政府坚持"人才强县"战略不动摇,牢固树立"资源不足人才补、区位不足科技补"的理念,努力在产业高地上建设人才高地,走出了一条具有新昌特色的"小县大科技"发展路子,推动了经济社会健康发展。

载得梧桐栖凤凰

2014年7月24日,浙江泰坦股份有限公司迎来了两位特殊的客人,俄罗斯自然科学院古丽耶夫·亚历山大和安德烈罗夫尼古拉两位院士。全面参观厂房设备,并了解公司科研队伍建设和企业发展等情况后,欣然答应与公司签约建立院士专家工作站,古丽耶夫·亚历山大成为绍兴市首位签约外籍院士。

打动"洋专家"的,除了企业的合作诚意,更重要的是新昌的产业基础和企业的创新科研实力:新昌的装配制造业水平全省领先,单是纺机制造业,新昌就有4家智能纺织印染装备重点企业研究院,而全省仅有9家;泰坦股份至今已开发省级以上新产品15项,其中国家级7项,完成国家"火炬计划"项目6项,国家级创新基金项目1项,省重点技术创新项目5项,拥有授权专利50余项,重点产品都有自主知识产权作为核心技术。

事实上，泰坦股份只是新昌众多注重科研创新、科技投入的企业中的一个例子，也是机械装备产业的一个缩影。在新昌，无论是大型上市公司，还是中小型企业，无不借着政府众多扶持优势产业发展、推动人才引进的政策东风扬帆远航。再加上各企业亮点纷呈的人才培养计划，新昌这个常住人口仅有 40 余万人的山区小县，目前已拥有专业技术人员 53632 名，万人拥有量高达 1233 人。

产业平台筑"凤"巢

新昌深知，"没有梧桐树，引不来金凤凰"，要想让这个普普通通的山区小县集聚更多的专业科研人才，就要搭建高水平的产业平台，让过硬的科研水平成为吸引人才的"橄榄枝"。为此，政府积极出台政策，县财政每年安排 1.5 亿元专项资金扶持战略性新兴产业，"2 + X"（即生物医药、先进装备制造两大优势产业和节能环保、文化创意等若干潜力产业）的产业体系逐步形成。目前装备制造、生物医药两大产业占比达到 80% 以上，高新技术产业产值占比 37.8%，战略性新兴产业产值占比达到 40%。三花集团生产的家用空调核心部件"四通换向阀"全球市场占有率 65%；万丰奥特集团的铝合金轮毂全球业界第一；浙江医药旗下新昌制药厂 90% 的产品销往欧美发达国家，国际药典标准中的 35 个来自这家企业……"国际话语权"就这样悄无声息地被山区小县的一群行业"单打冠军"掌握在手里。

产业基础形成了，人才扎根已经有了一定的"土壤"，新昌企业家"底气"也足了，在全球范围定向招才引才，组建合作团队，近年来引进海外工程师 100 余名，重点是一批拥有自主知识产权、能够引领产业发展的创新人才团队。截至目前，共引进培育省领军型创新创业团队 1 个，省级重点创新团队 2 个，市级重点创新团队 12 个。其中，三花集团首席技术执行官黄宁杰博士入选国家"千人计划",他的团队研发的新产品预计在 10 年内可实现 15 亿元的销售额。

政策助力引"凤"来

为更多地吸引人才,新昌县委、县政府制订出台了"天姥英才引进培育计划",其中一项重要内容是每年组织开展 4~5 次大型的人才对接活动。仅以 2014 年 10 月底在南京开展的人才对接活动为例,白云建设与吕志涛签订了院士工作站建设协议,47 家企业与南京各高校"零距离"对接,其中 28 家企业还在南京举行专场人才招聘会,短短一两天,就有 465 名高校学生达成初步就业意向。县委、县政府主要负责人和众多企业家求贤引智的脚步,遍布北京、上海、西安、武汉等城市,每次"人才峰会""科技人才周"等人才洽谈活动都被企业称为"人才盛宴",前面提到的绍兴市首位签约外籍院士古丽耶夫·亚历山大就是武汉人才对接活动的成果。

新昌每年安排 2000 万元用于高层次和紧缺人才的引进、培养、管理和奖励,还在柔性引才、引进资深专家、推进创新平台建设等方面出台了专门的扶持政策。目前,新昌企业与 100 多家国内外高校院所建立合作关系,与美国肯塔基大学等 10 所国际知名院校建立了定向合作机制。全县引进国家"千人计划"人才 1 人、省"千人计划"人才 4 人,海外工程师超过 100 名,拥有博士后科研工作站 8 家,外国专家工作站 4 家,院士专家站 6 家,集聚了全球各行业顶尖的研发团队和专家,他们成为新昌做稳实业、做专主业的智囊团。此外,一批国内外院士、"千人计划"专家、大学教授以项目合作或技术攻关的方式为新昌县企业柔性服务,真正实现了"不为所有,但为所用"。

为增强引进人才的稳定性,激发他们创业干事的热情,新昌还制定出台了促进人才创新发展的一系列优惠政策,特别是在住房保障方面，推出了发放安家补贴和购房货币化的补助办法，鼓励和引导企业建设"专家楼、硕士楼、学士楼"等"筑巢引凤"工程，吸引人才、聚集人才、留住人才。现在有8家企业公租房项目正在实施中。

企业求贤展"凤"翅

"企业是树，人才是根；根有多深，树有多盛。"这是新昌县一位求贤若渴的企业家的话。言下之意，要让企业欣欣向荣、蓬勃发展，就要想方设法留住人才这条"根"。在新昌，当地企业家对人才的重视素有传统。一些企业董事长对人才采取"纳、育、用"三结合措施，高才生广揽，有才的人重用，有贡献的重奖，假如不适应企业的人，可以"升学走人"，考上研究生后深造期间，企业给他们发工资、补贴，读完以后，"来去自由"。此举反倒凝聚了人才，乐为所用。

吴国锋在大学毕业后进新昌制药厂工作，后带薪去北京大学医学部药学院攻读硕士、博士学位，2004年毕业后留原单位工作，现任研究院院长，兼浙江医药总经理助理；皮士卿大学毕业后进入新昌制药厂工作，带薪读完博士回厂研发成功 β 胡萝卜素，目前销量占到全球市场的15%……

与新昌制药一样，新昌企业都十分重视人才培养和引进，重视创新人才激励分配机制和内部管理机制，采取科技项目销售分成、技术入股、项目制奖励、一次性科研重奖等多种模式，重奖科研人才，激发科研人员积极性。京新药业、陀曼给技术骨干以一定的股份，或在公司股份增发中给予优先股；泰坦股份在项目产生经济效益后，奖给项目研发团队一笔效益奖；而三花每年"豪掷百万"对做出突出贡献的科研人员给予奖励更是被传为美谈。

除了激励企业引进人才，新昌企业家甚至还与高校联手打造育才计划，提早预订专业人才：皮尔集团在国内唯一设立轴承专业的高等院校——河南科技大学，设立 PEER 奖学金、PEER 特困生助学金，每学年出资人民币 10 万元，支持该校培养与造就优秀人才。目前该集团有近 40 名在职员工来自河南科技大学，其中不乏公司的领导层及各单位的骨干力量。

这些从海内外飞来的"金凤凰"落户在新昌这个山区小县，为新昌的科技发展插上了金色的翅膀，为新昌企业提供了不竭的动力。

学者点评

20 世纪 90 年代初，国际制冷业巨头美国兰柯公司曾想用 3 亿元兼并新昌制冷配件企业浙江三花公司。没想到 15 年后，三花集团兼并了兰柯公司。所谓"此一时彼一时"，新昌近年来在推动企业转型升级、努力实现创新驱动方面已经做出了不小的成绩。究其原因，政府搭建的各类平台是引才、聚才的关键。而发挥企业主体作用、紧密围绕产业核心的人才工作理念更是起到了决定性的作用。"政府搭平台、企业唱大戏"的模式可以在更多地区推广，其中最重要的是政府找准自身定位，充分调动企业和人才的积极性，让"看不见的手"和"看得见的手"形成合力。

七 金华案例

Jinhua

Cases

"乡土名家"唱响希望的田野

　　什么是人才？按照传统的选评标准，只有具备一定的学历和职称者才能算人才。只有初中文化、从事的也不是高科技职业，却因为年纪的增长、阅历的积累，在一方水土的村头坊间被大家啧啧称赞，这样的人算不算"人才"，该如何评价？2013年11月底，浙江省金华市金东区在评选出10名"第三批拔尖人才"的同时，还选拔出了10名金东区首届"乡土名家"。

不拘一格选人才　乡土人才受重视

　　金东区素有"水果之乡""蔬菜之乡""苗木之乡""酥饼之乡""曲艺之乡"等美誉，各个领域不乏具有一技之长、知名度较高、能起示范带动作用、为当地或行业发展做出积极贡献的能人。尽管"田秀才""土专家"等农村能人拥有一定技能，在当地很有影响力，但要说起选拔人才，这些草根人才往往被排除在外。金东区之所以开展乡土人才选拔，一方面是基于全区人才资源实际状况考虑；另一方面也是基于开发本土人才资源的实际需求考虑。金东区放宽人才选拔视野，着眼于实用技能型人才引导、培育和作用的发挥。在2013年部署区第三批拔尖人才选拔工作的同时，正式开启本土人才开发三年计划，将首届"乡土名家"的选拔列入年度重点工作。

　　2013年9月，金东区在全区12个乡镇（街道）、18个人才领导小组成员单位和 10 个群众团体和各类专业协会中成立了专门工作组，不唯学历，不唯职称，不唯资历，不唯身份，开放式申报，开放式推荐。根据全区的文化、产业特色，明确三个选拔的重点领域：一是水果、蔬菜、苗木等代表性的种植、养殖业人才；二是酥饼、糕点、酿酒等传统特色生产加工业人才；三是民俗文化、民间传统技艺和非物质文化遗产传承人才等。重点推荐来源于民间、成长于乡土、工作在基层一线的实用人才，不将能工巧匠、"田秀才""土专家"排除在选拔范围之外，要求选出一批对乡土有用、在乡土发热、为乡土出力的人才。

经过层层推荐，上报的 30 余名金东区首届"乡土名家"人选具有较强的地域性、代表性和示范性。他们当中，有创办的农民合作社被评为全国农民专业合作社示范社的浙江和丰禽业专业合作社理事长施金仙，有将源东桃子、橘子远销至俄罗斯的市希望果业专业合作社理事长施广军，有种植的葡萄采摘期创下吉尼斯世界纪录的市程宏家庭农场场长陈援朝，有把承包的 93 公顷多的土地创建为市农村科学示范基地的市寨春农业开发有限公司董事长沈寨春，有国家级非物质文化遗产（金华道情）代表性传承人朱顺根、省级非物质文化遗产岳家拳一级拳师傅小明、传统锡器工匠陈春生……

选拔评审设硬杠杠　实行动态考核管理

金东区对各类乡土人才评选的整个过程坚持"民主、公开、竞争、择优"原则，称得上硬碰硬。比如，种植、养殖类"乡土名家"，要求种植、养殖达到较大规模（数量）和效益，得到市场认可，并有一定的示范带动效应；传统手工加工类"乡土名家"，主要从事农产品加工，且达到一定规模，对本地农业产业化经营具有一定示范带动效应；民间技艺类"乡土名家"，主要是指具有鲜明本地特色，并能代表本地、本行业较高水准的民间艺人、手工艺人以及从事民间群众文体活动的带头人……为了进一步体现公正性，其间还委托外地专家组成的评审委员会进行专业评审。

为建立健全对"乡土名家"的定期选拔、考核机制，金东区出台了《金东区"乡土名家"管理办法》。金东区"乡土名家"实行分级负责、统一管理，由区委组织部主管，镇乡（街道）党委负责日常管理。"乡土名家"实行动态考核管理，每3年评选新一批"乡土名家"，并对前批次"乡土名家"进行考核调整。连续3年考核优秀者可直接保留"乡土名家"荣誉和继续享受有关待遇。

金东区加强对"乡土名家"创新创业的关怀、服务与扶持。金东区将"乡土名家"列为区委、区政府领导的重点联系人才对象，区领导每年定期走访，开展慰问，建立联系。"我把每次区领导来慰问的照片都洗出来，年度的慰问红包都细心地珍藏起来"，程宏家庭农场场长陈援朝是区人才代表，她种植的葡萄挂果时间可以一直持续到隆冬时节，创造了吉尼斯世界纪录，却对区级的"人才荣誉"格外珍惜。金东区还依托浙江大学等高等学府加强对"乡土名家"的培训提升。首期"浙江大学·金东区人才素质提升班"落下帷幕，让"乡土名家"和市、区拔尖人才一起交流、学习，课程涉及管理技能、经济形势和现场教学，将"乡土名家"培养成为集经营、管理和技术于一身的复合型人才，做到培养一人、致富一方。

根植农村、示范带动　彰显乡土人才核心价值

乡土人才是草根人才，他们根植于农村，常年活跃在农村基层和农业生产第一线，其创业致富的成功经验是农村经济社会发展最鲜活、最生动的范例，具有其他人无法相比的示范带动效应。

"像我们这些泥腿子，自己也没有想到会与'人才'两字沾上边。"

卢桂金是金东区江东镇卢村蔬菜种植户和贩销大户，是"乡土名家"评选中从 10 余位种养殖候选人中脱颖而出的"乡土名家"得主。46 岁的卢桂金只有初中文化，常年从事蔬菜种植和经营，虽然没有高学历，不是科班出身，但他是远近闻名的蔬菜种植、销售能手，他创办的合作社被评为省级优秀合作社，在当地老百姓眼里，是个实打实的致富能人和带头人。2009 年 10 月，他发起成立了市江芦蔬菜专业合作社，现在 71.3 公顷菜地用上了钢架大棚，采用微灌设施的有 23.3 公顷。2011 年注册了"金刚屯"牌蔬菜商标。2012 年年底，106.7 公顷蔬菜基地通过了省无公害产地认证，2014 年一年为市场提供放心菜 3 万余吨。"眼下莴苣大丰收，虽然价格与往年比有所下滑，但依靠合作社，菜农根本不愁销路。"卢桂金说。

乡土人才具有丰富的生产实践经验，他们起初依靠单打独斗起家，最终在引领一方产业中挑起了大梁。金东区澧浦镇的毛国平创业经历颇有传奇色彩。他 17 岁开始在自家自留地里种茉莉花、桃树等。1982 年分田到户后，他不再满足于小打小闹，大面积种植板栗、桂花树等。10 年间，他参股、承包的种植面积达到上万亩，而全镇土地面积不过 2533 公顷。他的成功经历为澧浦苗木产业转型升级发挥了示范作用。2001 年，毛国平又在网上开起了"苗木网店"，在行业网站"青青花木网"发布金华苗木信息，现有 70 多个品种 500 多个规格，带动"金华苗木城"的经营户们在互联网上冲浪，仅网络销售一项就能有上百万的收益。

金东区酥饼产业蓬勃兴起，苏香、黄家春莲的行业引领作用功不可没。2008 年 7 月，时任省委副书记夏宝龙在金华视察，称赞黄家春莲"发展有特色，起到了很好的引领带动效应"，勉励黄坤龙和汪春莲今后要再创佳绩，引导金华酥饼以及相关产业做大做强。被评为金东区首届"乡土名家"的黄坤龙，和妻子汪春莲从 20 世纪 90 年代初期开始做酥饼，从一家酥饼小作坊发展到如今远近闻名的规模食品企业，黄家春莲实现了跨越式发展，小小酥饼做出了大产业。现在，金东区的黄家春莲已经成了享誉全国的一个品牌。

乡土人才是新农村建设的一支生力军，发挥乡土人才结对帮扶和示范引领的核心价值，让乡土人才在基层干事有动力、发展有舞台，可以激发农民重技术、学技术、用技术的热情，从而帮助更多农民走上致富路。金东区将继续深化实用人才三年建设目标，将评选百名"乡土能手"作为"乡土名家"的后备人选，构建一批结构合理、数量充足、作用明显的乡土人才梯队，并建立实行动态管理、绩效评价和晋升机制，促进特色人才培养和技艺传承。

学者点评

乡土草根人才在传统"唯学历、唯职称、唯资历、唯身份"的人才选拔机制下万难脱颖而出，但正是这些能工巧匠、"田秀才"和"土专家"在以农业和特色产业为主导的县（市、区）发挥了至关重要的作用。因此，改变观念、改革人才评价和选拔机制是人才工作体制机制创新的首要任务，金华市金东区迈出了可喜的一步。金东区在建设乡土实用人才队伍上，突破传统框架大胆创新，采用开放式申报模式，重点推荐三大领域的民间实用人才，并以人才在乡土发光发热的实绩作为动态考核依据，通过这种方式，乡土人才纷纷涌现，成为带领广大村民发家致富和建设新农村的生力军。理念创新才能带动机制创新，金东区的"以选拔代评价，以实绩代资格"的人才选拔，为乡土人才选拔机制创新提供了一个很好的范例。

工艺美术绽放新活力

2014年11月，第五届浙江省工艺美术大师评审结果公示，在拟评定的122人中，东阳占15名，在全省县级市中独占鳌头。

东阳是著名的工艺美术之乡，全市现有木雕、竹编、红木家具等企业2700多家，2013年工艺美术产业产值突破180亿元。近年来，东阳紧紧围绕产业实际，通过营造良好的政策环境，打造了一支高素质的工艺美术人才队伍，为工艺美术产业的转型升级发展奠定了坚实的人才基础。目前全市从业人员多达13.4万人，工艺美术专业技术人员1435名，其中亚太地区手工艺大师2人，中国工艺美术大师9人，浙江省工艺美术大师24人，省级以上大师数量在全省县级市中位居首位。

多部门联动　分层次培养

2014年6月16日，中国美术学院迎来一批特殊大龄"学生"，东阳41名工艺美术界精英走进大学校门，甘当学生，在攀登艺术高峰之路上再"充电"。

参加这次高层次人才高级研修班的，都是来自东阳木雕、竹编行业小有名气的大师，其中年龄最大的76岁，最小的38岁。"通过高水平的专业培训，旨在全面提升大师的艺术素养，创新艺术理念。"东阳市相关负责人说。

中国工艺美术大师徐经彬已 76 岁高龄，身体状况不好，腿脚也不方便，每天需要打针、吃药，但仍然每天准时参加培训，而且都坚持坐在第一排，求知欲望十分强烈。省工艺美术大师施德泉因公司有急事，也仅请假半天回东，处理完事情就赶回参加学习。

"大师进美院"活动是东阳市着眼于加强工艺美术人才储备，搭建不同层次的培养平台的一个方面。

为确保工艺美术之花长盛不衰，促进工艺美术人才队伍建设，东阳市委组织部牵头，整合经信、人力社保、教育等部门力量，探索建立了"多部门联动、分层次培养"的工艺美术人才培养体系，加大工艺美术人才的培养。

后备人才培育是工艺美术行业发展和挖潜的希望所在。东阳市大力发展木雕、竹编技能职业教育，在广厦学院、市技术学校、聋哑学校等高校和中专学校开办了 12 个木雕专业班，走出了木雕人才培养的新模式。目前在校学生 500 多人，每年毕业生 100 多人，就业供不应求。

"我从来不担心我的就业问题。"徐庆幸是广厦学院的一名毕业生，他说："这个专业的工作很好找，工资待遇都不错，300~600 元一天很正常，做得好的甚至可以达到 2000 元一天。"徐庆幸先后在陆光正、夏浪工作室实习和工作，月薪已达 1 万元以上。

在中端人才培养上，市人力社保局、经信局牵头，每两年在全市开展一次工艺美术行业"首席技师"评选活动，对获得东阳市"首席技师"荣誉称号的人员，市政府给予隆重表彰，并给予每人 1 万元的奖励。"首席技师"以及列入拔尖人才管理的工艺美术大师均按高层次人才有关政策确定相应待遇，享受生活津贴，并按市场价 7 折申购人才公寓。东阳市还每年举办 1~2 期的精细木工高技能人才培训班，组织推荐参加工艺美术大师评选，开展每年一次的"木雕·红木家具十大骨干企业、十大精品"等评选活动。

设奖励基金　选拔尖人才

2010 年第四届浙江省工艺美术大师评选，东阳市有 15 人当选。这 15 名大师中，有 6 名出自同一师门———中国工艺美术大师、亚太地区手工艺大师、全国木雕专业委员会会长陆光正门下。

陆光正说：木雕是一门艺术，正因为它是一门艺术，因此不能速成。东阳木雕，不仅要在雕刻技艺上下功夫，更要传承一种文化内涵。

为激发工艺美术人才活力，东阳市积极营造重才爱才的政策环境。设立专项奖励基金，对国家级、省级的技能大师工作室分别奖励 15 万元和 5 万元，目前已设立了陆光正、吴初伟、卢光华、何福礼等 4 个工作室。大师们通过工作室，以师带徒、言传身教，培养了中国工艺美术大师黄小明、省工艺美术大师王向东等为代表的 20 多名工艺美术人才。

结合工艺美术人才的特点，东阳市出台《关于进一步加强高技能人才工作的实施意见》，在政策支持上重点予以扶持。市财政每年安排 200 万元专项资金，专门用于对工艺美术人才的评选表彰、师资培训和技能竞赛。对高级工艺美术师发放最高 300 元每月的技术等级津贴，工艺美术师参加紧缺职业（工种）技能培训，给予最高 1600 元的培训补贴。

根据工艺美术人才年龄普遍较大的特点，东阳市修订完善拔尖人才选拔管理办法，取消年龄限制，将年龄较大、发挥作用较好、符合条件的工艺美术大师纳入拔尖人才管理。2013 年评选产生的首批 37 名拔尖人才中，工艺美术大师有 8 名，占到总人数的 22%。

开多彩展会　办各类比赛

东阳市着眼于扩大工艺美术人才影响，搭建形式多样的展示平台。

2014年11月18日至22日，为期5天的2014世界工艺文化节暨第九届"东博会"落下帷幕。这场世界工艺美术史上规模最大、规格最高的盛会，汇聚了五大洲的工艺精品与大师，不断让人们的眼球绽放惊艳之花。

从2006年起，东阳连续举办了9届中国（东阳）木雕竹编工艺美术博览会。展会期间组织开展木雕竹编大师精品展、中国木雕创作大奖赛、中国木雕高峰论坛等活动。2013年第八届中国（东阳）木雕竹编工艺美术博览会交易额达5.5亿元，客流量35万人次。

在东阳中国木雕城四楼设立工艺精品馆，提供6500平方米的免费场地，吸引全市30多位省级以上工艺美术大师入驻，其中木雕精品展馆藏有当代东阳木雕精品近300件，竹编精品展馆藏有竹编精品500余件。近三年共接待了嘉宾2670批、旅游团队5019批，人数超过40万人次。

从2008年起，东阳连续举办4届全市性的木雕雕刻技艺比赛和神雕杯木雕比赛，平均每届有120余人参加。组织选送优秀作品参加国内外各种比赛，如中国（北京）国际文化创意产业博览、中国（北京）木雕竹编工艺美术博览会、中国工艺美术大师作品暨国际艺术精品博览会等，近年累计获得70个特等奖，801个一等奖（金奖）、1200多个二三等奖（铜奖），有力地扩大了东阳工艺美术人才的影响力。

一对一联系　多样化服务

为充分发挥工艺美术人才的作用，东阳市积极搭建温馨舒适的服务平台。

针对 60 岁以上工艺美术大师的身体特点，东阳市组织 10 多名在业内较有影响和知名度的医疗专家组成工艺美术大师医疗专家服务团，为大师提供"一对一"医疗保健服务，对行动不便的则上门服务。组织中国工艺美术大师每年开展一次系统的身体检查，每两年开展一次集中疗养。

工艺美术人才以民间人士居多，党委政府与他们的联系相对松散。东阳建立市领导和省级以上工艺美术大师"一对一"联系制度，市领导每年一次上门走访慰问，每季度一次交流沟通。每逢春节，市委、市政府主要领导均要上门慰问中国工艺美术大师，并送上鲜花和慰问金。由市委人才办牵头，召集工艺美术行业协会、卫生局、教育局、经信局以及公安局等相关职能部门，定期举行专项例会，对工艺美术大师提出的医疗保健、出入境、就学、创业服务、社会保障等问题，现场提出解决方案。2013 年以来已经召开会议 3 次，现场解决问题 5 个。

学者点评

传统工艺的失传往往缘于人才断层和后续乏人，传承传统工艺并让其焕发新的生命力首先需要大力培育工艺美术人才。东阳市集思广益，走出了一条"培养 + 奖励 + 竞技 + 展示"的木雕、竹编和红木家具特色人才四合一培育之路。东阳经验包括，一是多部门联动方式对工艺美术人才进行分层次培训；二是大量运用创意评比、技艺比赛、博览会布展来发现拔尖工艺美术人才、激励其艺术创造；三是借助于专项奖励基金和提供对顶尖人才的"一对一联系和多样化服务"来满足工艺美术人才获得社会认可的需求。特色人才的培育需要因地制宜的独特方法，只有这样才能通过特色人才传承民间艺术、繁荣传统文化和促进地方经济。

让商贸实用人才有为又"有位"

2014年6月，张宏晶喜出望外：根据义乌市人才子女入学政策，自己的孩子能够顺利在单位附近的稠江第二小学上一年级了。张宏晶2013年来到义乌，在一家科技公司担任财务总监，从事跨境电子商务领域的财务分析和管理工作。"来义乌工作后，唯一担心的就是孩子入学问题。"张宏晶说，"义乌实用人才评价体系政策非常好，通过这个政策，帮我们解决了最直接、最现实的难题。"

在义乌，有许多像张宏晶这样的国际贸易实用人才，得到了义乌市委、市政府的"特殊照顾"，能够享受到落户安置、子女就学、住房保障等一系列优惠政策。

商贸人才是义乌发展的中流砥柱

众所周知，义乌是国际贸易集聚地，也是全球最大的小商品集散地和小商品出口基地，拥有全球最大的小商品批发市场、全国最大的内陆海关。近年来，义乌更是借助国家"一带一路"重大战略的实施，积极打造让中国制造走向世界的重要平台。

数量庞大、为数众多的国际贸易实用人才是推进义乌经济社会发展的重要力量，也是义乌独特经济发展模式所需要的宝贵资源。改革开放后，一大批独具开拓创新的经商人才，大胆走向了市场，有力推动了义乌经济社会的快速发展。近年来，在兴商建市的总体发展战略框架下，义乌商人逐步壮大成为推动义乌跨越式发展的国际商贸实用人才。据相关调研数据显示，义乌商贸实用人才已达 20.8 万人，中高层次商贸人才约 6 万人，仅占商贸人才总量的 1/4，大部分是学历偏低、无贸易类职称的人员。但不容忽视的是，他们已成为推动义乌国际贸易发展的中流砥柱。

楼仲平是土生土长的义乌人，一手创立了"双童吸管"。"我接触网络很早，网络在中国还是新生事物的时候，我就把吸管放到网上卖了，我用吸管把世界都'吸'进来了。"楼仲平对网络贸易情有独钟。通过发展电子商务，他的吸管在全世界热销，并成为流通类吸管产品的全球最大制造生产商。目前，公司通过电子商务成交的业务占据了公司总业务的一半以上。

今日义乌，从事商品贸易流通、交流的人数与日俱增，网络信息、金融物流、会展创意等行业的实用人才，在义乌扎根、成长、壮大的例子可以说比比皆是。国际贸易实用人才队伍正在不断壮大。

不拘一格，科学评价人才

商贸实用人才作为义乌经济发展的独特资源，如何激发这部分人的创新能力和实战活力显得尤为迫切。同样的，对于依靠市场兴旺而繁荣的义乌，如何吸引和培养商贸实用人才更应该是人才工作的重中之重。

针对大部分商贸人才学历偏低、无贸易类职称的现状，义乌积极探索建立"不唯学历、不唯职称、不唯资历、不唯身份"的，以能力和业绩为主要权重的国际贸易实用人才评价体系，以此进一步推进国际贸易综合改革试点工作，建立与改革试点和转型发展相适应的人才资源结构。

2013 年以来，义乌重点针对国际商贸人才、国际物流人才、国际电子商务人才和国际会展人才等 4 种类型人才完善评价机制，国际贸易实用人才评价体系打破原有的评价模式，重点挖掘业绩明显、贡献突出的优秀国际贸易相关行业实用人才，主要关注行业经验、工作业绩、业务能力和职业道德等 4 个方面，并采取行业经验和工作业绩为主，业务能力与职业道德评价为辅的方式进行评定。在具体评价操作中，采用名额制的评价模式，首先对申报实用人才的各行业企业评级，以确定企业可申报的实用人才名额，然后由企业根据人员的实际业绩进行评价。根据最终评价结果，国际贸易实用人才分成初级、中级、高级和资深级国际商贸师四个等级。在人才评价等级划分的基础上，逐步完善国贸实用人才培养、使用和待遇相结合的激励机制，建立与评价等级相对应的薪酬、福利和培训等方面的奖励政策。

为人才干事创业保驾护航

评价人才只是微刺激，打造良好的创业创新环境才是人才发展的强动力。

前不久，在义乌高层次人才座谈会上，义乌市"爱就推门"电子商务有限公司网店运营总监阚宝海被评为新一届"义乌市优秀人才"，并获得 1 万元奖励。作为一名网店运营商能获得这样一个殊荣，阚宝海显得格外开心。除了实用人才入选了优秀人才，还有从事电子商务、物流、会展等领域的 6 名实用人才入选了义乌市拔尖人才。

不仅给荣誉，义乌市还从实用人才最关心、最重视、最息息相关的子女就学、住房保障等方面给予保障。住房问题，对大多数年轻人来说是一个不小的压力。作为高级国际商贸人才，楼阳是义乌一家投资公司的年轻人，主要从事商品贸易行业。三年下来，他从一个普通业务员慢慢干到现在的业务经理岗位。"义乌的房价高，现在推出人才住房政策，能给我们一定补贴，对我们年轻人来说减轻了不少压力。"

浙江至诚工程咨询有限责任公司的贺曲女士，2005年就到义乌工作，"到义乌工作这么多年，一直想扎根义乌，但义乌房价比较贵，有时候望而却步。"她说，"现在推出人才住房政策，我刚好符合条件，就提出了申请。"据了解，贺女士已经将孩子也接到了义乌。

基于评价体系，义乌正加快建立"国际贸易实用人才数据库"，相对精确地把握当前义乌国际贸易及相关行业的人才储备情况，追踪人才流动趋势，建立与转型发展相匹配的人才资源结构，为义乌构建全球国际贸易人才高地，打造驰名世界的"未来贸易城"奠定坚实的人才基础。

学者点评

"360行，行行出状元"。评价人才应当把实践和贡献作为主要依据，要努力创造良好的体制机制。义乌市在实践层面开发出适合国际贸易综合改革及社会认同的国际贸易实用人才评价标准，继而制定科学的人才培养与激励政策，践行了"人人皆可成才"的理念。

"金蓝领"从这里起飞

所有外销产品全部实行"前ＴＴ"（款到发货），没有一笔应收款；中文商标"伯虎"在欧洲市场全面流通，产品与德国产品在一个货架上平起平坐……在浙中小城浦江县，民营企业浙江省浦江伯虎链条有限公司正向"打造防滑链行业名品"的目标冲刺。

是什么让伯虎链条拥有这般实力？公司董事长郑小根道出了他们的秘诀：300 名员工中，1/3 的员工有一项或多项专业技能，其本人也是技术过硬的钳工技师；模具、产品、金属元素、热处理等各道生产工艺上，都有数名技术顶呱呱的行家现场把关，产品质量首屈一指；近几年每年都投入两三千万元，由技能骨干领衔实行技术改造……

伯虎链条是浦江县实施素质提升工程、注重培养技能人才的一个缩影。

紧扣需求定规划

绗缝、挂锁、水晶是浦江的三大主导产业，都以制造为主，对高技能人才十分渴求。而且，由于缺少这类技能型人才，企业间相互"挖人"现象较为普遍。

2010 年 7 月，浦江县在前期调研的基础上，启动实施了《金蓝领素质提升工程》。整个工程规划为三期，三年一期，总投入 1500 万元。

金蓝领工程以金蓝领培养为主体，辅以金蓝领师资培养、"1+ Ｘ"

蓝领帮扶、金蓝领实训基地扶持、金蓝领就业援助和金蓝领表彰等五项配套工程。

结合产业发展现状，浦江紧紧围绕工农业主导产业和技能人才需求情况，开展了机械（数控）车工、机修钳工、焊工、汽车（农机）修理工、中式烹调工、职业经理人、电子商务师、农业技术指导员、茶叶加工师、茶艺师等 10 个项目的培养。

金蓝领培养申请对象必须具有良好的职业道德和敬业精神，高中及以上文化程度，初级职业资格证书或从事职业工种 5 年以上的农村劳动力，优先考虑"85 后""90 后"新生代劳动力。同时将技能人才的培养纳入农村劳动力素质提升的补助范围，每人可获得 400~2000 元的政府培训补助。

培养主要采取理论学习、模拟操作和生产实践相结合的方式进行，具体分为常态化培养、订单式培养和选拔式培养。通过培养，技能人才数量和质量都得到有效提升，目前全县共有各类技能人才 4 万余人，其中高级工 1500 余人，技师 400 余人，高级技师 12 人，新型职业农民 400 余人。

建平台多渠道培育

47 岁的李文建是一名普通车工高级技师、钳工技师，有着 20 多年的一线车工经历。在金蓝领工程中，他被县职业技术学院特聘为车工实训老师，每天在实训室里教学生从事车床加工。他带出的学生，到企业就能直接上岗，深受企业青睐。

这就是浦江推行的"1+X 蓝领帮扶"暨名师带徒制度。1 名师傅帮带几个徒弟，师傅须为具备高级工以上资质的专业技术人员，徒弟可以是本地农村富余劳动力、被征地农民、失业下岗职工、企业在岗职工或外省务工劳动者。双方举行传统的拜师仪式，师徒双方签订帮扶协议，进行为期 3~12 个月的一对一师徒技能传带。目前，"1+X"模式共有钳工、车工、汽车维修、插花、摄影、家政服务等 25 个专业的 236 对师徒签订帮扶协议。

为保障金蓝领培养的教学质量，浦江采取"走出去学习"与"请进来指导"相结合、集中培训与跟踪指导相结合、研究交流与实际考察相结合等多种方式，加强对师资队伍的培训力度。同时，每年举办一期技能提升重点班，县财政补助每人 2000 元，从县内各行业中选拔优秀技能人才到外地先进地区进行轮训和实地考察，提升专业技能，近三年先后选派骨干教师 54 人次到杭州交通技师学院、衢州、丽水、义乌等地的高级职业技术学校交流深造。

浦江还启动了金蓝领练兵场所建设，在县职技校建立了综合性实训基地、机械类高技能人才培训基地。同时，在力霸皇、金垒锁业、伯虎链条等企业建立了专业性较强的、小模式技能人才实训基地。实训基地根据本地各产业链特点和对技能人才的需求，每年培养本地急需的高级工以上技能人才 300 余人，四年来累计培养 1700 余人。

完善人才评价激励机制

"成为高级技师后，我每月可享受政府津贴 150 元，加上企业的补贴，一年下来三四千元，抵过一个月的工资了。"百川产业有限公司员工赵巧燕凭着自己的技能获得了一级企业人力资源管理师，在企业建设发展中实现了自己的职业价值。

根据《浦江县高级工、技师（高级技师）政府津贴实施办法》，高级工、技师、高级技师分别享受 50 元/月、100 元/月、150 元/月的政府津贴，通过政府奖励这个导向，鼓励一线劳动者争先创优、爱岗敬业，提升动手能力。

浦江坚持举办每年一届的技能人才推介会，2009 年以来举办了六届技能人才推介会，达成实习与就业意向累计 1394 人次，当场签订就业协议 189 份，达成高技能委托培训协议 84 份，签订校校合作协议 9 个、校企合作企业 15 家。

同时，县有关职能部门联合各行业协会、工会等群团组织，每年举办农民技能运动会、技能大比武等各类技能竞赛。比赛打破年龄、资历、身份和比例限制，使一大批优秀高技能人才脱颖而出。

学者点评

高技能人才在实现科技成果转化和推动企业转型升级上发挥了不可或缺的作用。浦江的成功经验主要体现在三个方面：定位准确，准确把脉区域经济对人才需求的特色，制定和推行金蓝领的人才工程规划；定制准确，牢牢掌握技能型人才的培育特色，强调课堂与车间结合，"走出去""请进来"相结合，采用职业技校、实训基地、师徒帮扶等多渠道方式培育技能型人才；激励准确，提供政府津贴和技能人才推介会充分肯定人才。

八 衢州案例

Qüzhou

Cases

借得"东风"好扬帆

浙江虎霸集团是一家以水泥和化工产品发展起来的老牌企业。面对行业整体产能过剩带来的激烈市场竞争，虎霸集团卧薪尝胆、励精图治，投资1亿元，新上马了年产5000吨锰锌铁氧体项目。目前，项目已经顺利投产，预计年销售收入将超过3亿元，年税收可达4100多万元。

虎霸集团大胆创新的原动力来自哪里？"是产学研合作带来的人才与技术给了企业凤凰涅槃的机会！"回想起那段面临被市场淘汰的艰难岁月，董事长王继森不无感慨地说道。集团于2011年聘请了国家"千人计划"专家、国家特聘教授车声雷担任技术顾问，通过共建"浙江工业大学—虎霸集团联合研发中心"，开展了卓有成效的产学研协同创新，多项功能材料领域成果已转入产业化阶段，为虎霸集团驶入发展"快车道"注入了新动力。

地处浙闽赣三省边界的江山市，地理区位优势并不明显，人才底子薄，特别是高级人才匮乏，制约了经济社会的发展。如何破解这一发展瓶颈问题？江山市在不断摸索中走出了一条新路子：通过开展市校合作，借产学研合作的"东风"，积极引进国内外智力、技术、人才和信息资源，"借鸡生蛋"推动本地企业转型升级。

政府引导:"王燕"飞入寻常家

"如果可以和上海海事大学合作,使用他们最新的科技成果——螺旋藻回收装置,就能为我们公司年回收螺旋藻约20吨,直接创造收益过百万元。"10月23日,在江山市"LED、新材料、输配电行业产学研推介会"上,江山康普螺旋藻有限公司总经理毛黎阳对上海海事大学带来的螺旋藻回收装置连连称赞,并表现出浓厚的兴趣。此前,由于设备问题,该公司一年生产150吨螺旋藻,在生产过程中即会损失掉15%。

被先进技术吸引的远不止毛黎阳一个人,浙江红盖头农业科技有限公司董事长祝森根也是如此。他非常渴望引进上海食品研究所日产20万千克的葛根饮料项目。经过现场的进一步接触,双方一拍即合,并计划在葛根饮料项目实施后,首先推出两款功能性饮料。

在区域竞争、产业竞争日趋激烈的今天,如何引导企业占据发展的制高点?科技与人才是毋庸置疑的最佳利器。正是基于这一理念,江山市将招才引智确定为"一号工程"。"人才强市"成了江山实现跨越式发展进程中的最强音符之一。近年来,江山市在推动市校合作、促进产学研对接工作中举措频出,如专门把市校合作纳入全市实现"跨越式"发展的具体举措,把市校合作项目列入对相关部门人才与科技工作考核的具体内容。制定出台了提高科技创新能力、加强产学研科技合作等5个专门推动市校合作战略的相关政策。市科技局等职能部门则通过研究制订重点产业科技路线方案、建立招院引所工作体系、加强科技服务业平台建设、组织"企业院校行""专家企业行"校(院)企对接活动等有效举措,有的放矢地推进市校合作工作。2014年,江山市已数十次组织企业"走出去",与全国各大高校院所进行产学研对接活动。

搭建平台：筑巢引得凤来栖

2013年7月，天蓬集团与华中农业大学在动植物品种培育、育种技术、生物技术等方面，达成多个校企科技合作项目，并成功促成该校教授、中国工程院院士陈焕春在江山市建立首家院士工作站；2014年6月，中国工程院院士、浙江大学热能工程研究所所长岑可法，与浙江同景科技有限公司签订建立院士工作站协议书，双方将在太阳能发电等先进能源技术领域积极开展科技开发合作……

自2004年浙江老虎山建材有限公司与北京工业大学开展共建"北京工业大学生态环境材料与技术浙江转化基地"合作以来，江山市不断加大市校合作力度，如今，合作平台逐渐成了江山市提升持续创新能力的孵化器和加速器。

江山市注重培育资本与技术相结合的基因，拓展各类高端合作平台。于2013年组建成立的浙江省输配电行业唯一一家技术创新联盟——"浙江省变压器产业技术创新战略联盟"，至今已申报专利13项，服务变压器企业32家，产生经济效益近3亿元。在衢州市率先开展县级企业技术研究开发中心和重点创新团队认定工作，先后培育省级研发中心4家，市级研发中心7家，市级重点创新团队5家。

目前，江山市已有300多家企业与120所大学、研究院签订合作协议400多个，引进博士50人、高级职称160人，为江山市企业培养技术人才1500多名。在关键技术合作上，仅2014年上半年，交易额就达4200多万元，有效解决企业技术难题200多项。

搞活机制：为有源头活水来

"真是受益匪浅，不仅开阔了我们的眼界，也进一步坚定了我们走人才、科技和资本相结合道路的决心。"2014年6月27日，浙江省海外高层次人才"智汇江山"暨海高会能源、资源与环境分会2014年年会在江山市举行，40多名海高会成员集聚江山，数位"千人计划"专家分别在高峰论坛上做了主旨演讲。台上专家们的精彩讲课，让台下的本地企业家们感慨颇多。

如今，像海高会如此高级别、高层次的活动正越来越多地出现在江山。实践证明，市校合作要取得实效，需要不断创新完善合作机制，变个体合作为整体合作，变分散合作为集中合作，变间断性合作为经常性合作。

为此，江山市积极探索推进市校协同创新机制建设，和北京、上海、杭州等5个高校较多的城市进行对接合作，努力做到高校人才、技术资源"为我所用"。其中，与上海技术交易所共建的"上海技术交易所江山协同创新工作站"已经发挥作用，北京、杭州等协同创新工作站正在积极筹建中。为提升对接的准度，江山市不断加大与本市产业密切关联的高校院所的对接力度，鼓励相关高校院所在江山设立输配电、木门产业研究分院、分所，积极引进和培育各种专业服务机构。2014年上半年，国内变压器行业唯一的科研院所——沈阳变压器研究院在江山设立办事处，目前已引进专业研发机构2家，科技成果转移机构2家。

🖋️ **学者点评**

江山借校企合作发展，借人才之力，形成企业二次创业的科技引擎，逐渐形成了一道亮丽的风景线。人才是科学技术的载体，借助高校科研院所的力量，以项目合作的形式让传统产业和新型科技相结合，产生化学反应。值得一提的是，江山把产学研合作纳入全市跨越式发展的具体实施纲要，把市校合作列入人才与科技工作考核的具体内容，这些工作都彰显了人才工作的高度和准度。

创建链式聚才平台　实现产业跨越发展

自从 2013 年 8 月"金昌特种纸业院士专家工作站"成立，浙江金昌纸业有限公司不断有来自加拿大、美国等国家的海外高层次人才加入。为留住省"千人计划"何志斌这样的高端人才，让他们有技可施，企业意识到必须有一支高水平团队。"需要院士和'千人计划'人才，也需要普通科研人员来支持。"该公司总工程师童树华说。现在金昌纸业研发团队共有研发人员 56 人，其中博士学历 9 人，正高级职称 9 人，副高级职称 7 人。该公司每年投入研发经费 1000 万元，建了人才科技大楼，为高层次人才提供住房和专业实验室。金昌纸业尝到了重才用才的甜头，年销售额从 2009 年创立之初的 262 万元上升到 2013 年 2.3 亿元，成功申报国家高新技术企业，获得省优秀民营企业创新奖。

和金昌一样，如今，在龙游越来越多的企业通过院士工作站—市级专家工作站—校企合作平台这条链式引才平台，聚集各类产业人才，助推企业转型升级、创业发展。

院士工作站：吸引高端人才智力

2014 年 7 月初，中国电子科技集团公司第三十六所杨小牛院士一行来龙，为龙游电子产业发展"问诊把脉"，并举行了"浙江龙游公任电子有限公司院士专家工作站"授牌仪式。这是龙游县第二家院士专家工作站，也是电子产业领域首家院士专家工作站。

杨小牛院士主要从事通信信号处理与分析，软件无线电等科研工作。他说，"我是龙游人民的儿子。一直以来，我都希望凭自己的专业技术为家乡做一些贡献。在家乡建立工作站实现了自己多年的心愿。"

栽好梧桐树，引得凤凰来。人才平台不仅是龙游招揽八方人才的"梧桐树"，也是成就人才事业的"大台子"。

目前，全县共建设院士工作站2家，进站专家包括杨小牛、陈克复、舒兴田、吴慰祖等4名中国工程院院士，并与加拿大工程院院士、特种纸专家倪永浩初步达成意向，拟柔性引进以倪永浩院士为首的领军型重点创新团队。近年来龙游县通过建设院士专家工作站等引才平台，使院士及专家团队等高端智力由原来对单个企业服务扩展到对一个地区产业的辐射，并通过政产学研用的零距离对接和有机结合，在发展战略咨询、关键技术攻关、高层次人才培养和技术成果转化等方面发挥重要作用。

专家工作站：走出柔性引才新路

自建立浙江大学教授胡树根工作站以来，浙江固特气动机械有限公司完成"大型火电机组除灰渣专用闸阀"等项目2个，正在开展"特殊工况用软密封蝶阀"等项目3个。其中1个项目列入省重大科技专项计划项目，另有3个项目经国家检测机构检测合格，正在申报省装备制造业重点领域首台（套）、国家重点新产品项目、国家创新基金项目等。"对于以建立专家工作站等方式的柔性引才，政府给了我们政策上的扶持，如果工作站经相关部门考核合格，3年内每年能补助10万元，目前我们已经拿到20万元的补助经费。"固特气动副总萧亚兵说。

固特气动柔性引进胡树根教授只是龙游企业引才大潮中的一朵浪花。事实上，近几年龙游迎难而上，积极创新人才引进方式，拓宽人才引进渠道。一方面积极组织企业参加浙江杭州国际人才交流大会、"海外清华学子浙江行"等活动，并举办专场招聘会，出省、出国引进高层次人才。另一方面，通过建设衢州市专家工作站、博士后科研工作站、实施引智项目等方式柔性引才。实施"龙商回归工程"，主动邀请寓外人才回龙创业创新，并设立"才富龙游贡献奖"，鼓励龙游籍专家通过各种形式为家乡企事业单位开展服务。

从 2012 年年底至今，龙游在平台建设、高端人才引进培养等方面投入 2600 多万元，已建立"龙游激光再制造技术研究院"、省级特种纸公共技术服务平台，市级专家工作站、博士后科研工作站等平台 11 家，引进特种纸产业、生物医药产业省"千人计划"人才 2 人，长江学者 1 人，省特级专家 1 人，博士研究生 45 人，高级职称 150 余人，并实施国家级、省级外国专家引智项目 6 个。

通过引进国内外高层次人才，提升企业研发水平，该县特种纸、装备制造、纺织服装三大主导产业 2013 年度工业产值达到 147.5 亿元，与 2011 年相比增长了 20.4%。

校企合作平台：破解主导产业人才荒

孟育就读于陕西科技大学造纸专业，毕业时，她没有像其他毕业生那样忙着递简历找工作，因为龙游方面已经有很多家造纸企业向他们抛出了橄榄枝，她和男友综合考虑后选了其中一家。而与此同时，企业也没了往年招不着专业人才的困扰，毕业季期间有关学校方面会提供一份推荐名单，上面都是成绩不错的专业生，有些还是曾经来到企业实习过的实习生，双方知根知底，用工合同签订得都很顺利。

事实上，特种纸产业、高端装备制造业等为龙游工业主导产业，产业发展前景广阔，市场占有量居全国前列。但是，以往的工业主导产业人才引进和培养模式以企业单打独斗为主，导致人才总量不足、结构不够合理，制约产业的发展。如，高技能人才不能满足产业发展需要，专业技术人才对新工艺、新发明的信息、技术掌握不够多。特别是造纸等专业高校毕业生较紧缺急需，现有人才专业素质有待提升。

对此，龙游县实施"校企合作引进培养产业实用人才"计划，通过建设校企合作联盟，共建主导产业职工培训基地和高校毕业生见习基地，达到培养和引进产业实用人才的目的。合作院校成为龙游主导产业专业人才的主要输入基地，职工技能培训、骨干人才培育的摇篮。主导产业人才总量有较快的增长，目前，全县已有超过30家主导产业工业企业和陕西科技大学等8所高等院校参与产业化校企合作，累计引进硕士研究生15名，培训职工1000人次以上，其中输送40名企业骨干委托合作高校进行中长期培训。现有人才素质的较大提升，很大程度上缓解了主导产业"人才荒"现象。

学者点评

高层次人才作用的发挥往往取决于当地产业结构和基层人才的土壤是否深厚。重视引进高层次人才是当前多地的普遍做法，但如果不结合自身产业层次、基础人才支撑等条件而孤立地引进高端人才，往往会造成人才的"水土不服"和"孤掌难鸣"。龙游通过打造"链式"聚才平台，集聚不同层次的人才，有效地改善了紧缺人才的供需矛盾，有力地支撑了本地主导产业的发展和升级。

三千"土专家"　筑梦国家东部公园

三年前，为促进农村经济社会科学发展，有力助推特色现代农业发展，开化制定了《农村实用人才开发培训三年规划》。如今，3000名"土专家""田秀才"正活跃在开化土地上，成了开化建设"国家东部公园"的"台柱子"。

浙江省非物质文化遗产开化根雕传承人徐谷青，用他"化腐朽为神奇"的根雕技艺，将中国传统文化与优美生态环境相结合。在他的带动下，根雕产业在开化日渐壮大，一批开化人因此找到了发展方向。而徐谷清，也是开化"国家东部公园"核心景区——根宫佛国文化旅游区的最大贡献者。

开发考评体系，"土专家"有了地方标准

开化有农业人口 19.08 万人，如何提升农民技能，进一步推动农村富余劳动力转移就业，始终是县委、县政府的重要工作之一。火车跑得快，全靠车头带。首先就得加强农村实用人才带头人的培养。为此，开化大胆探索，创造性地开展农村实用人才带头人培训工作。

一方面，从有利于民间技艺及民族文化的传承与保护、促进县域经济社会发展的角度出发，积极争取相关部门及协会的支持，组建了10支技能人才专家组。另一方面，开发了《开化龙顶茶制作》《开化清水鱼养殖》《开化食用菌种植》《开化根雕》《开化保姆》等 5 个项目的

专项职业能力考核标准。目前，清水鱼养殖、根雕 2 个工种的考核标准已获国家审批，食用菌种植、龙顶茶制作和保姆等 3 个工种的考核标准通过省厅审批。

在开发专项职业能力考核标准的同时，近年来，乡土人才调研小组多次深入县内乡镇、村、企业，对全县乡土人才资源分布和工作状况做了调研，并建立了资料库。乡土人才资源库按照性别特征、年龄结构、文化水平、技能特长和就业意向等因素，划分为外出乡土人才、回乡乡土人才等类别，将有关情况输入信息化管理，建立面向市场、灵敏高效的人才信息管理网络，形成一个层次分明、结构完善的人才管理体系，为今后进行乡土人才考核鉴定和开发利用奠定了坚实基础。

专项能力培训"土专家"促进产业发展

2013 年 8 月，开化全面启动乡土人才专项能力培训工作，对普通从业人员、经营户、种植养殖大户开展不定期、分时段的培训。

扎根开化土地的一大批乡土人员经过技能培训，破土成才，打造各类创意农业园，成为新农村建设的领头雁。萌芽茶业有限公司总经理、又一芽有机茶专业合作社社长余芬是个茶叶"土专家"，也是个"有心人"。她在坚持种植"有机茶"的同时，还在村头镇打造"风情茶园"，通过对茶园内茶景的建设，让市民能够坐在茶园中一边欣赏美景，一边品茗论诗。她的创意茶园吸引了许多外国客商前来实地体验，并纷纷与她建立了合作关系。

"清水鱼之乡"何田乡田畈村的汪立友是近年成长起来的"土专家"。2009 年，他往鱼塘里投放第一批鱼苗时，还是一个不太懂养殖的新手。这些年，通过不断参加乡里、县里组织的养殖技能培训，他已经成为当地的养殖专家，并取得清水鱼养殖高级证书。汪立友目前已是开化县何田乡田畈清水鱼合作社的社长，养殖规模在每年1万千克左右，还创办了农家乐。

在开化，培育像余芬、汪立友这样乡土人才是人才工作的重点。开化采取集中授课、进村入户指导、现场分析解决问题等多种有效形式，开展技术培训、生产指导，让农民学员一学就懂、一看就会。通过培训，提升乡土人才技能，帮助农户总结养殖、种植经验，不断提高特色产业品质产值和效益，让百姓实实在在受惠。目前，开化共培训初级清水鱼养殖国家专项职业证书351人，高级165人；初级食用菌种植317人，高级120人；高级根雕师75人；高级开化龙顶茶制作师86人，初级茶艺师187人。

如今，开化的"土专家"已成为推动农民致富的"金钥匙"，技能在手的"土专家"们不仅自己致富，更带领了一个群体，给这些产业贴上了"开化牌"。据统计，开化现有食用菌种植户4920户，菇农足迹遍布全国23个省80多个大中城市；清水鱼养殖户1800余户，清水鱼塘2527口，养殖面积25.8公顷；根雕企业20家，从业人员500余人；有68家大中型综合性茶厂，100多家小型个体茶叶加工坊，从事茶叶制作加工、评审鉴定的人员有460多人。

实施奖扶政策 "土专家" 变为 "香馍馍"

2012年，开化专门出台《关于实施"百千万"工程加快人才强县建设的若干意见》《关于开化县乡土人才专项职业能力考核规范的实施意见》等政策文件，创新性地将乡土人才纳入高技能人才范畴，并可以享受人才政治、关爱、激励等方面相应的优惠扶持政策。

各类乡土人才可优先与生产单位或农户签订合同，有偿提供技术承包、技术指导、技术培训和技术推广服务；优先获得有关部门提供的科学技术资料、信息，参与农业等项目开发。对获得高级专项职业能力证书的龙顶茶制作、清水鱼养殖、食用菌种植、保姆、根雕等乡土人才，给予每人一次性 1000 元奖励，对突出贡献或科技成果被推广后取得显著经济效益的，给予重奖。

通过政策扶持，"益龙芳茶业"总经理余华军从一个小作坊老板成了开化数一数二的茶叶经理，更开发了龙顶红茶、茶树花茶、开化乌龙茶等产品。他以土专家"联姻"农户的模式，带领村民共走致富路，被省农产品经纪人协会授予"2013 年度浙江省百强农产品经纪人"荣誉称号。

2013 年 12 月，开化评出了首批优秀农村实用人才，有农村经营能人、来料加工经纪人、农民专业合作社带头人、加工能手、生产能手（种养殖）、能工巧匠等。还积极组织开展乡土人才技能大赛活动，培植先进典型，激励广大乡土人才扎根基层建功立业，在全县上下营造重视、尊重、爱护、支持乡土人才的浓厚氛围。

学者点评

在"人人皆可成才"和"可用即为人才"的理念引导下，人才不再千人一面、千人一标尺。凡适用的即为人才，凡能为所从事的工作做出贡献、能带来经济社会价值的即为人才。乡村实用人才的挖掘和培育正是需要借助于这样的创新理念，而这其中重中之重的是，打破原有人才评价体系，开发出乡土人才的评价标准。开发考评系统，建立符合乡土人才特色的"土专家"的地方标准，为农村特色人才的诞生创造了条件。而扶持政策的实施更激发土专家成为农业经济的带头人。开化的案例成功诠释了理念突破、人才工作创新后的实绩。

汽配人才服务平台助推企业转型升级

汽配行业是岱山的第二大支柱产业，岱山共有汽配企业 70 多家。在日益激烈的全球化经济竞争形势下，制造业正面临着转型升级的现实挑战。拿什么应对挑战，破解海岛汽配企业科技创新能力相对薄弱这一短板，让这一传统制造业在转型中提升竞争力。人才，是其中的关键因素。

2013 年 7 月，岱山县汽配科技发展服务中心正式成立，该中心通过为岱山汽配企业提供人才引进、培训、流动等服务，给岱山汽配企业转型升级提供了"智力"引擎。

打造人才培育平台

每到周六，参加工作已经多年的岱山天瀚塑业有限公司职工杨金琴，又重新做起了"学生"，她参加的是县汽配科技发展服务中心举办的人才培训班。

"现在洽谈业务，客户首先会要求企业提供产品的模型图和相应数据，这对我们这些营销人员的能力结构提出了新的要求，如果我们不能及时调整，面临的是落后和被淘汰。"杨金琴说，她是主动报名参加的，和她一起来的还有 7 名同事。

自成立以来，汽配科技发展服务中心成了岱山汽配行业人才教育培训平台，通过面向企业提供管理、技术方面的业务培训，提升企业现有机械设计人员的综合设计及创新能力，为产业转型提供人才保障。目前，在该中心参加培训的汽配企业技术、管理、营销等方面人才累计已经超过千人。

汽配科技发展服务中心有关负责人介绍，"这些培训内容涉及逆向工程技术，模具、夹具的设计制造，CAE 有限元分析等方面，培训时间跨度达 6 个月，课程安排受到了很多技术人员的欢迎。"

海山密封有限公司依托汽配科技发展服务中心这一人才培养平台，该公司的科技人才队伍不断壮大，高新技术产品的研发得到重大突破，已经取得了深海工程管道法兰用复合密封件、船舶发动机电加热再生尾气颗粒捕集器关键技术研究与装备制造、耐高温保温密封陶瓷材料设备关键技术研究与开发等实用新型专利和发明专利，更有多个专利项目被省科技厅列为省重大专项重点项目。

搭建人才合作网络引进智力

通过服务中心的物色引荐，一名德国籍汽车配件工业及不锈钢部件生产方面的技术专家来到舟山海山密封材料有限公司，帮助企业实施"汽车钣金件模具设计与制造技术的转变与效率提升"，用近 20 天的时间解决了制造汽车尾喉管、隔热罩、隔热板等方面的技术问题。前不久，浙江大学、浙江海洋学院的几位专家专程来到岱美汽车零部件有限公司、飞利达电机有限公司这两家企业，帮助解决模具变形、微电机噪音等问题。在此过程中，汽配科技发展服务中心和这些国际专家组织及科研院校所建立的战略联姻关系发挥了重要的作用。

在当前自身研发能力还不强的情况下，岱山汽配企业的发展更加需要院校的技术和人才力量的支持。然而岱山地处海岛，受人口以及交通等多方因素制约，本地没有也难以引进高等院校。

如何破解这一矛盾？汽配科技发展服务中心再次发挥了重要作用，

通过与浙江大学、浙江理工大学、浙江海洋学院、宁波职业技术学院等高等院校和大中型企业的三方合作，成功为岱山汽配行业建立科技人才战略合作网络体系。当企业遇到技术创新攻关难题时，以汽配科技发展服务中心名义广发英雄帖，邀请专家与企业对接，或开展技术中介服务。同时加大平台引才力度，灵活运用现有人才政策，加快高层次技术人才引进，充实平台技术力量。

"主要还是解决一些技术方面的难题，因为现在一些企业还是缺乏技术攻关的能力，我们平台在此方面可以依托这些院校和相关大型企业的科研力量，为企业提供科技创新的技术支撑。"汽配科技发展服务中心有关负责人表示。

依靠县汽配科技发展服务中心，来自外地高等院校的"智力"被源源不断引至岱山，为企业攻克各类科技难关。而在下一步，该中心还计划建立各种人才库、专家库和网络，更好地在汽配企业转型升级过程中扮演"智力中介"的重要角色。

为创业人才开辟全新的舞台

在为岱山汽配企业搭建人才培养、引进平台的同时，汽配科技发展服务中心也在不断拓宽自身的功能，为岱山汽配业发展提供多方面的人才支撑。不久前，中心还成立了青年团员创业平台，鼓励大学生和青年团员积极创业，中心可以帮他们解决创业中遇到的一系列困惑和疑问。

汽配科技发展服务中心负责人说，该创业平台为大学生及青年团员创业提供信息交流、技术支持、高校对接、设备设施等服务，当前可以为相关从事或准备从事工业设计、网页设计的岱山籍青年提供免费的个人工作室服务，包括提供办公室、会议室、打制设计模型等服务。

目前，已有大学生对服务中心的创业平台表现出兴趣，希望可以进一步了解和交流，最终达成合作共识。

📍 学者点评

　　很多中小城市都有这样的困扰：高校科研院所匮乏、高端科研人才紧缺、企业赖以转型发展的创新资源严重不足。岱山县的汽配科技发展服务中心作为一个创新资源集聚、重组和流动的综合平台，为小城市的人才培养、引进和使用提供了宝贵经验。高层次人才向一线城市集聚很难改变，因此中小城市更应该着眼于以创新资源的集聚和流动代替人才本身的流动，探索建立有针对性和实用性的柔性引才平台。

本土人才筑梦嵊泗

嵊泗小伙小毛现在是宁波大学海洋科学专业大三的学生。随着毕业季的临近，其他室友都渐渐变得烦躁起来，而他却显得"淡定"，已早早地为自己谋好了"出路"。原来，2012年他上大学前就与嵊泗县签订了本土紧缺人才定向培养协议。根据协议要求，毕业之后，他将回到自己的家乡从事海洋渔业相关工作。现在的他只需安心学习，扎扎实实学好专业知识，掌握更多的技能。

小毛仅仅是嵊泗培养紧缺专业嵊泗籍高校毕业生计划中的其中一人。用5年时间，送选100名专业人才到县外高校定向培训、定向培养100名紧缺专业的嵊泗籍高校毕业生、选聘100名高校毕业生进本土企业帮助转型升级及培养200名优秀渔农村技能实用人才，这是嵊泗本土人才培养工程的总体目标。

为嵊泗的未来储备人才

过去，嵊泗也曾大规模引进外地人才，但如今这些人才中的2/3以上已离开嵊泗。受海岛自然条件限制，嵊泗在吸引人才、留住人才上处于劣势。嵊泗清醒地看到，嵊泗的未来不仅仅要引进人才，关键要从重"引进"转为重"培养"，让那些怀有雄心的本土人才主动回归嵊泗。为此，嵊泗县大胆突破人才政策，着眼于本地应届高校毕业生这一群体，走出了一条"本土人才定向培养"的创新之路。

2011 年，结合全县医疗人才紧缺实际，嵊泗县先行先试，在医疗卫生领域出台了本地应届高校毕业生西医临床医学定向培养政策。符合条件的培养对象不仅将获得每学期 10000 元（一年 20000 元）的学费和生活补助，毕业后经组织、人事部门审核，按照有关规定办理事业单位人员聘用手续，将被安排在嵊泗县人民医院工作，免除了经济与就业上的后顾之忧。政策一经出台，立即吸引了不少学生和家长的关注，2011 年，共有 13 名应届高校毕业生确定为西医临床医学专用人才培养对象，与卫生主管部门签订了定向培养协议书。

2012 年，"本土人才定向培养"工作正式全面铺开，在继续实施医学专业定向委培的基础上，在港口产业、海洋经济、旅游产业等专业上实行定向培养。

由政府设定专业、提供助学金和事业编制招收嵊泗籍高校毕业生，并根据海外名校、"985""211"高校及普通高校分别提供每人每年 1 万~10 万元不等的助学金，在嵊泗也引起了较好反响。2014 年嵊泗县共推出 24 个定向培养计划，又有 17 名嵊泗籍应届高校毕业生入围并签订协议。未来，他们将成为嵊泗经济社会发展的新生力量。

培育高素质本土人才

"参加培训不仅开拓了我的视野，也拓展了我的工作思路"，说这话的是嵊泗人民医院的医生蔡威克。2012 年，他获得了去杭州浙一医院重症监护科进修学习的机会，半年学成归来后，他便积极筹措，在院办支持下创办成立了重症监护科，填补了医院业务空白，提高了医院整体医疗及抢救水平。在嵊泗，还有许许多多像蔡威克这样的专业人才，借助政府搭建的各类培训平台，汲取专业领域内的最新知识，在提升自身专业能力的同时，及时地把最新知识技能应用到工作中，服务嵊泗发展。

　　根据全县海洋经济建设对人才需求的现状，2012 年起，嵊泗县面向全县企事业单位，以政府提供学费资助、食宿补助的形式，选聘城市规划、海洋旅游管理、信息技术、现代渔业、海洋文化、港口物流等紧缺专业人才到大院名校进行为期半年到一年的培训深造，帮助企事业单位培训紧缺专业人才。在校学习期间，学员需要按照校方设定学分，在本专业内自行选择相关课程进行学习，修完规定学分后方可结业。

　　在人才培养上，嵊泗县还高度重视发挥人才示范引领作用。吴建国是嵊泗赫赫有名的技能人才，从事海岛渔业电器维修和渔业新技术指导、研发、应用与推广已有 30 年。2008 年，他担任嵊泗职工技术服务队副队长后，共为社会培训技术人员 850 人次，带徒 68 人，培养高技能人才 64 人，为嵊泗县输送了大量渔农村实用技术人才。

刚柔并济留住人才

　　谈到本土人才培养，嵊泗县人才办工作人员介绍说，"本土人才对嵊泗有着深厚的感情，对嵊泗的情况也更加熟悉，对于本地的发展更愿意投入精力，也能够提出更加符合实际的办法，这也是嵊泗县致力培养本土人才的原因。"

　　在本土人才定向培养方面，除规定 5~15 年不等的最低服务年限，培养对象发生违约行为承担全部培养费用 3 倍违约金等"刚性"留才政策外，通过一系列优惠和激励措施，让本土人才看到嵊泗留才的诚意，也激发了各类本土人才学成回乡干事创业的热情。同时，面向现有人才，有计划地组织人才培训、有计划地开展专业人才适岗比选和跨部门交流，有计划地选派各类人才到重大工程和重要项目岗位上锻炼成长，拓宽了人才晋升渠道，使人才干事有了奔头。

　　目前，嵊泗县已形成了重视人才、发掘人才、培养人才、留住人才的良好氛围，进一步盘活了本土人才资源，优化了人才资源结构，有效缓解了嵊泗区域经济和社会发展过程中出现的专业人才紧缺问题。在舟山群岛新区的大背景下，"港、景、渔"资源优势的协同效应成为嵊泗最大的发展本钱，嵊泗的发展空间越来越广阔，越来越多的本土人才愿意留在嵊泗这片土地上施展拳脚。

学者点评

嵊泗列岛被视为东海明珠，虽自然风光旖旎，但一直面临才难引、人难留的困境。嵊泗成功调整人才工作策略，从重引进转向重培养，从重外来人才转向重本土人才，有效地盘活了本土人力资源、优化人才结构，缓解了嵊泗人才紧缺的局面。本土人才，有亲情的牵绊、乡情的眷念和对故土的热爱，更有回报家乡建设的动力。此为相似地区的人才工作提供了很好的借鉴。

+ 台州案例

Taizhou

Cases

台州椒江区
台州黄岩区
台州临海市
台州天台县

"五法"联动破解高层次人才引进难

椒江区，浙江省台州市中心，沿海改革开放前沿地区之一。随着发展的深入，椒江区同样面临转型升级的需求。转型之基在哪？"人才投资是效率最大的投资"。椒江区意识到。

产业转型需要什么样的高层次人才，如何引进所需人才，如何让引进人才落地生根发挥作用？经过几年探索，椒江以实施"五法"联动为抓手，在高层次人才引进工作上取得了积极成效。所谓"五法"，就是产业引导法、梯队培育法、筑巢引凤法、立体撒网法、亲情服务法。

目前，全区共有硕士、副高以上高层次人才3600多人，其中具有海外背景的300多人，入选国家"千人计划"6人、浙江省"千人计划"11人，省"151人才"17人，市"500精英计划"39人。

产业引导法破解引才行业一边倒

椒江区作为浙江省级医药原料基地，全区共有30多家医化企业，全区引进的海外人才中90%以上集中在医化行业，呈现出人才集聚过于集中单一产业的问题。

"以产业集聚人才，以人才壮大产业"。椒江区调整发展思路，连续出台了创新驱动发展、加快经济转型升级等20多个政策文件，重点升级改造医药化工、机械、电子电器等传统支柱产业，培育发展光电子、信息、新材料等新兴产业，逐步打造与产业发展相匹配的"人才链"，推动人才集聚与产业培育联动发展。

新杰克集团通过实施产业创新战略，成功兼并了世界三大自动裁床生产商之一的德国奔马公司和拥有顶级自动裁床技术的拓卡公司，建立了奔马拓卡公司。在实现由轻工业缝制设备加工向大型成套设备、系统集成的高、精、尖机械产业升级的同时，吸收了两家企业300余人的研发团队，将产业优化和人才集聚完美结合。

2012年以来，椒江区申报的80名"千人计划"和台州市"500精英计划"人才中，机械、电子、新材料等行业共申报43人，占申报数的1/2，突破了医药化工行业高层次人才"一枝独秀"的局面，跨出了多产业多行业集聚人才的新步伐。

梯队培育法破解引才主体独角戏

长期以来，椒江区海外高层次人才引进主要集中在几家龙头企业，而规模稍小一些的企业引才意识不强，吸引力不够。

为破解引才主体过于集中的难题，椒江区紧密结合产业导向和发展前景，加大个性化扶持力度，在龙头企业下增强骨干企业和成长型企业的引才力度，有效地发挥了企业引才的主体作用，形成人才的梯队化发展。

奥翔药业是椒江区一家骨干型化工企业，近年来，在区委、区政府政策的鼓励下，加大引才力度，实现了良好的经济效益。

"近年来，公司引进各类高层次人才8名，研发能力有效增强。"奥翔药业总经理郑志国介绍说，2013年公司产值1.5亿元，2014的产值达2.8亿元，已开发132个新项目，申请多个国家和地区发明专利共21项。

目前，该区有全国民企500强3家，上市企业6家，省创新型企业7家，省级以上科技型企业66家，初步构建了领军企业、骨干企业、成长型企业等优化组合的梯队发展结构，形成了人才引进的梯队"作战集团军"。其中 30 多家企业已成功引进博士 50 多名，硕士 160 多名。

筑巢引凤法破解引才结构"片面化"

相比较创新而言，人才创业对于土地、资金、政策等要素要求比较高。对此，椒江积极突破自身土地少、发展空间受限的不利因素，出台了《关于高层次创业人才引进和扶持工作的若干意见》等政策，重点加强创业人才引进。对来椒江创业的高层次人才最高给予 1200 万元的创业资助、500 平方米的创业场所、三年贷款贴息等各种优惠政策。

"没想到椒江区不但在短时间内完成了工商注册等各项服务，还快速落实了创业扶持资金。"一讲到区委落实的 1200 万元创业扶持资金，台州市"500 精英计划"专家、星星新材料股份有限公司核心技术拥有者杨教授就兴奋地说，"这为我们企业的顺利发展奠定了良好的基础，使我们对企业在椒江的发展壮大充满了信心。"

该区 2013 年下半年，新引进落地了两个拥有国际领先技术的"海归"创业团队，其中，星星新材料股份有限公司的"液晶光增亮膜"新材料项目已进入试生产，预计投产后两年内可实现销售额 4 亿元。

该区 2014 年全面启用了建筑面积 70000 多平方米的区科技创业园，为初创期的科技型中小企业等提供全方位的科技创业孵化服务，已成功引进孵化企业 60 家。

立体撒网法破解引才渠道单一性

企业是引进高层次人才的主体，但受信息交流渠道的因素制约，有时难以实现与人才的有效对接，往往造成"失之交臂"的遗憾。

针对这种现状，椒江区积极发挥政府的主导作用，通过采取专场招聘、对接洽谈、网络引进、项目合作、增设引才工作站等多种方式，全方位、多层次地帮助企业建设引才"高速路"。

在发达国家、国内一线城市设立引才工作站，实现与海外人才的零距离对接。目前，已在波士顿、巴黎、北京、上海等8地成功建站，每年投入100多万元作为引才专项经费，已成功引进了国家"千人计划"专家叶其壮在内的海外高层次人才8名。

大力推进柔性引智，依托海正中央研究开发院、海正国家级重点实验室及省级缝纫机创新平台等40多家省级以上重点实验室、博士后工作站和技术中心等平台，吸引各类技术人才2200多名，其中具有海外背景的60多人。2014年2月，成功创建中国首个县级"海智计划"工作基地，充分发挥"海智计划"130多个海外团体在引才聚智中的作用。

健全人才与项目供需双向对接机制，及时收集企业需求信息和海外人才择业信息，实现信息双向互动、实时沟通。2014年以来，双向交流信息128条，初步达成技信合作意向40个，人才引进意向19个。

亲情服务法破解引才对象融入难

椒江因远离上海、杭州等大城市，受交通等因素制约，区位优势受限，对外影响力不足。海外高层次人才对椒江的人才引进政策和人才发展环境了解甚少，在人才引进过程中出现竞争力不足、人才难融入等问题。

为此，椒江在开展"一站式"服务的基础上，积极提供"保姆式"服务，以亲情关怀，提升引才竞争的软实力。

"女儿在这里能够得到良好的教育，也使我一到椒江就能全身心地投入到本职工作中。"2014年5月份引进的"海归"博士、美籍华人冯仁田深有体会。仅仅一个上午，椒江区人才办就将其女儿安置到一所知名小学就学。

椒江区整合政府各方资源，加大对人才的生活保障力度。建立服务人才专项例会等制度；在住房保障上，已累计划出400套、总面积4万多平方米的经济适用房作为人才公寓，并规定引进人才在椒江购房最高可享受300万元的购房补助、每月8000元的租房补贴；在生活保障上，给予各类高层次人才最高每月1万元的生活津贴，同时实行医疗绿卡制度，提供VIP医疗保健服务。近两年，对口安置人才家属就业5名，子女入学40多名，解决了人才的后顾之忧。

建立区四套班子领导一对一结对联系人才、政府重大决策咨询人才等制度，"两代表一委员"候选人向高层次人才倾斜，提高人才的政治待遇。引导企业完善股权分配、红利派发、职务晋升等激励机制，增强海外人才的归属感和责任感。目前，近300名高层次人才参与海正药业、水晶光电等多家企业股权、红利分配，股金总计超过4亿元。组织并资助各类高层次人才参加国内外培训进修、学术交流活动，资助人才达400多人。依托人才协会专门建立人才图书馆，免费开通万方数据、超星图书馆等查询服务，拓宽人才知识更新的途径。

学者点评

椒江区在高层次人才引进方面走在前列，其特色在于多法并举，人才工作做到了全局性思考和精细化管理。人才价值链应当依托产业价值链，椒江人才工作紧扣产业引导和梯队培养相结合这个"牛鼻子"，工作扎实细致，成效显著。吸引海归人才回国创业，资金和工作环境是首要因素，椒江区下功夫努力为人才提供最优厚的工作条件，解决子女入学和就业难等问题则为人才创业扫清障碍。积极利用国际人才平台招徕人才，建立全球化人才信息库等举措，则体现了椒江人才工作的良苦用心。

"500 精英计划"引来金凤凰

陈贤丰博士是"海归",台州人。如今,这位海外博士与台州的关系,不仅仅是因为籍贯,还因为他在台州黄岩有创业项目、创办了自己的公司。借助"500 精英计划",黄岩区引进了一批海外高层次人才,他们带来的创业项目,成了当地主导产业转型升级的助推器。

构建立体式引才机制

陈贤丰博士是国际生物信息学领域高级科学家,他带回的项目是"新一代高通量测序和生物信息学科技服务及转化医学项目开发",入选了台州市"500 精英计划"创业 A 类项目。以"人才 + 民资"的合作方式,陈贤丰与浙江天宇药业有限公司携手,成立了圣庭生物科技有限公司。

2013 年 5 月,陈贤丰回家乡探亲。黄岩区委人才办听说他手头有项目,便主动联系他。通过已有人才库信息匹配,人才办主动衔接,将项目推荐给了浙江天宇药业股份公司董事长屠勇军。

近年来,黄岩区人才引进工作方式多元,逐渐形成立体式引才机制。其中一种方式是"以才引才",2013 年区里引进"500 精英计划"创业人才江中涵博士,在他的牵线搭桥下,"500 精英计划"创业人才于珺博士目前已在该区注册了公司。

为了加快人才引进步伐,黄岩区在北美、欧洲等地黄岩商会及海外华人华侨协会建立了5个海外高层次人才联络点，以发现创业人才和项目。该区还根据本地塑料、模具、机电等主导产业转型需求，动员经信、发改、科技等各条战线干部，深入企业摸排项目需求，并积极组织企业赴北京、杭州和武汉等地揽才引智。

对于各渠道推荐来的项目，黄岩区建立动态充实机制，及时收入项目信息库。目前，该库共有生物医药、模具制造、电子商务等各类项目32个，其中入选市"500精英计划"19个。

对准本地产业引项目

张农是悉尼科技大学、湖南大学、清华大学教授，入选国家"千人计划"。他带到黄岩的，是与王野动力合作的抗侧翻液压互联悬架项目。该项目能使车辆侧倾刚度提高50%~70%，车辆越野性和操纵稳定性大大提高。

张农教授和他的团队在液压互联悬挂方面研究已有10余年，为国内首个此领域的研究团队。目前，该项目在宇通客车、金龙客车和军用车辆改装测试和试车，准备在军方特种车辆上运用。项目的引进，与黄岩产业匹配，市场发展前景较好。

黄岩区引进人才和项目，力求与本地产业相匹配。在引进项目时，综合土地、环保、能耗等要素，确定了"团队综合实力、科学技术含量、投资风险程度、市场发展前景"四大评估指标。在评估认证环节，建立由"千人计划"特聘教授、"500精英计划"专家以及发改、环保、金融等相关部门组成的项目评估小组，严格把关认证。

按照项目与本地产业的匹配度，黄岩区将信息库内项目分为重点跟踪项目和关注了解项目。对于重点跟踪且入选"500精英计划"的项目，在区四套班子专题会议上进行路演，营造项目落地的良好氛围。对于关注了解项目，按专业领域分解落实到职能部门，加强日常联系和关注，争取日后落户。

促进项目落地便捷化

引人才引项目，让人才全心创业，黄岩区拿出了诚意。区里专门配备了高层次人才"创业服务专员"，主动跟踪解决高层次人才在创业、生活中遇到的问题，提供"保姆式"全程服务。

圣庭生物科技有限公司落户时，作为外资企业要经发改部门立项、商务局批复，再到工商部门办理手续。手续办理过程中，公司只需提供资料，跑腿的事全部由区高层次人才专项办工作人员来做。为了促使项目尽快落地，相关部门限时快办，在最短的时间内办好了所有手续。

黄岩区整合人力社保、科技、经信、发改等职能部门，开设高层次人才创业服务"绿色通道"，将审批时间缩到最短。该区还推行服务高层次创业人才例会制度，及时沟通并梳理解决项目运行中的困难。

及时兑现政策，是黄岩区促进项目落地的另一项举措。除了兑现创业扶持基金，黄岩区还给圣庭生物科技公司落实了 700 平方米办公场所，而按规定只需落实 500 平方米场地。黄岩区在人才公寓中划出 30 套进行精装修，让高层次创业人才优先入住，使他们"放下包就能安家创业"。

目前，黄岩区创建了模塑设计基地和青年人才创业园两个项目落户载体，"500 精英"创业园正在紧锣密鼓建设中，2015 年可投入使用。8 个"500 精英计划"创业项目相继成功落地，数量在台州市名列前茅。其中，A 类项目 4 个、由国家"千人计划"专家领衔项目 1 个，累计注册资金达 1 亿元，并带来海内外专家近 30 人，为黄岩的经济发展注入了新鲜活力。

学者点评

　　黄岩区立体式引才、产业引才等人才工作颇具特色。海归人才以才引才，花费少、效果大。围绕"500精英计划"，黄岩区四套班子高度重视计划落实和计划成效评估，对于引进人才，无微不至地关怀，"放下包就能安家创业"这样的口号成为人才工作的一项标准，成为黄岩人才创新创业的"金名片"。

集聚非公企业人才的"临海效应"

　　临海，中国股份合作经济重要发源地之一。作为一个资源小市，为了破解资源制约难题，临海审时度势，积极实施人才强市工作，引领临海的非公经济由依赖物质性投入向以科技、人才、管理驱动为主导转变，形成了一整套具有临海特色、行之有效的工作推进体系。

"聚才强企"搭建军工合作聚才平台

　　2014 年 4 月 24 日，哈尔滨工程大学对外发布，该校历时 10 年研究的"深水浮力材料"已正式投入自动化生产，这是中国第一次实现了海洋用深水浮力材料全面自动化生产，打破了国际产品垄断市场。令人惊奇的是，与哈尔滨工程大学合作的这家生产企业，两年前竟是一家在临海乡镇生产经营节日彩灯、配套加工休闲产品的非公企业。

　　是什么让这家企业脱颖而出？台州中浮新材料科技股份有限公司董事长屈龙奎给出的答案既简单又有说服力：临海市政府为非公企业量身定制的军民科技合作。

　　"深水浮力材料是为海洋工程装备提供静浮力，服务海洋开发，海洋石油开采，海洋工程装备安装、维修的关键材料。"据屈龙奎介绍，目前该材料的国内需求量一年就达到 10 万立方米，价值 200 亿元。

　　"这么大的市场份额，几乎 100% 被国外的公司所垄断。"屈龙奎告诉记者，在 2011 年临海科技局组织的一次军工企业对接会上，当听到哈尔滨工程大学乔英杰教授带着深海浮力材料这项技术前来对接时，几年来一直在找新项目的屈龙奎一下子就被吸引住了。

得知屈龙奎希望与乔英杰合作后，在临海市相关部门协助下，屈龙奎与乔英杰教授进行了初步洽谈。第一次的接触让屈龙奎兴奋不已，在市科技局的帮助下，屈龙奎聘请了深圳的一家投资公司，短短两个月时间，就对该项目做出了可行性报告。

为了能尽快达成合作协议，临海市相关部门负责人陪企业去了四趟哈尔滨。不到一年时间，2012 年 5 月，台州中浮新材料科技股份有限公司宣告成立。乔英杰说："踏实肯干的浙商精神、灵活的合作模式、企业的极大诚意，以及当地政府的全力支持，是我下决心在临海创业的根本原因。"

公司创办后，临海政府的诚意也让乔英杰感动。2013 年，乔英杰入选了"台州 500 精英创业人才 B 类"名单。"在首期投入达到 2000 万元的情况下，公司将得到政府 200 万元的资金补助，目前，根据公司的实际投入情况，我们已得到了 80 万元的创业资金资助和当地银行给予的 600 万元的优惠贷款。这减轻了我们前期的资金压力，让我们能安心地进行厂房改造、设备采购和调试工作"。

在乔英杰教授的牵头下，2013 年 9 月 17 日，临海市与哈尔滨工程大学签订了《全面战略合作协议》《科技创新基地科技合作协议》等 4 项协议。该校 3 项发明专利"空心陶瓷球及其制备方法""深水耐压浮力装置""深水耐压浮力材料"转让给台州中浮新材料科技股份有限公司。

目前，哈尔滨工程大学已在台州中浮建立了科研中心，有 2 名教授和 10 名博士、硕士常年入驻企业，为其提供后续智力支持。"企业 1 万多平方米的厂房已经准备就绪，第一批深海浮力材料已经批量投产，2014 年就可创造 2000 多万元的产值。"屈龙奎说："目前该项目已获得 3 项国家发明专利，公司将其命名为'CBM-Future'品牌，意即打造'中国深海浮力材料的未来'。到 2016 年，我们公司的总投入将达 1 亿元，年产值预计要突破 4 亿元，足以打破深水浮力材料市场被国际产品所垄断的现状。"

屈龙奎这家企业的成功转型并不是偶然的。2009 年，临海市政府投入 100 多万元，在全省建立了首个军民两用临海市科技成果推广服务中心，专门用于海内外高层次人才和智力项目引进。临海分别选择在北京、哈尔滨、绵阳、南京、西安、武汉等 6 个军工强省(市)布点，以各入驻单位专家为主要负责人，负责本单位成果转化项目推介以及全国布点区域成果联系、项目对接、项目推广等。

正是看到了军工单位强有力的技术支撑，临海近年来掀起了一股企业"参军"热。从 2009 年成立至今，累计签订军工科技合作项目 174 项，其中产业化项目 98 项，带动引进发明专利 50 多件、实用新型专利 32 件。

"育才兴企"搭建企业人才素质提升平台

2014 年 10 月 16 日，临海市企业家大讲堂第五十三讲举行。由清华大学卓越总裁班授课教授丘磐主讲的"非人力资源管理干部的人力资源管理"让参加大讲堂的企业家们觉得受益匪浅。

作为企业的掌舵人，企业家们也需要不断地补充吸收新的知识，企业才会有进一步的成长。非公企业人才占临海全市人才总数的 2/3 以上，多年来，临海坚持将非公企业人才队伍建设作为全市人才工作的重中之重，连续 5 年深入实施企业家素质提升工程和"育才兴企"活动，形成了一整套具有临海特色、行之有效的工作推进体系。从 2008 年开始，临海每年拿出 50 万元专门用于组织实施"企业家大讲堂"，每月举办 1 次，邀请国内知名学者、企业家通过专家讲座、企业家现身说法、专家现场答疑解惑和主题探讨交流等形式，提升企业家综合素质。目前，已举办53期，累计培训人员30000多人次。

临海注重"以人为本"，以政府出资、市场引导、企业参与方式开展企管人员分层、分批培训，搭建全覆盖培训平台。为此，该市有计划、有重点地组织企业家到国内外知名院校学习，先后与清华大学、复旦大学、上海交通大学等培训机构合作，举办了8期企业家高级研修班，培训高级经营管理人才800多名。

"我们把走出去培训考察写入工业强市政策，规定凡市内入库税金达到500万元以上的企业均可享受市政府组织的不少于7天的免费国内先进制造业学习考察活动1人次。"临海市经济和信息化局负责人说。

"引智壮企"搭建科技创新研究平台

"100万！"2011年11月21日，在临海引进高层次人才项目暨军工科技合作项目签约会上，作为当年省"千人计划"入选者的华海药业原料药技术总监助理谢宝军从临海市委书记手中接过了奖金牌。

从2011年开始，临海将扶持台州市"500精英计划"入选者作为聚焦高层次创业创新的一项重要工作来实施，给予充分保障。其中，对高层次人才创（领）办企业，项目投资额达到2000万元以上的，给予最高1000万元的创业启动资金；对高层次人才创业项目贡献者给予最高100万元奖励等多条奖励扶持政策，都是该市有史以来最强"引才"措施。

对人才来讲，最大的满足莫过于能够成就事业。在临海市委人才办的牵头下，2014年9月23日，临海市"500精英计划"创业园正式挂牌成立。首批入园的企业共5家，其中3家公司已注册并投入运营，2家正在注册中，创业项目的顺利落地，为优秀人才建功立业提供了新的平台。

临海市委人才办负责人告诉记者："临海市'500 精英计划'创业园采用政府出资租赁的模式创建，让'500 精英计划'创业人才拎包即可在此创业。通过'一站式'的配套服务，为高层次人才来我市创业节省自己租厂房的精力和资金投入，同时也为创业者申报政府创业启动资金资助提供了可能。"

临海深知人才发展平台的夯实、细节上的人文关怀是"留才""用才"的最佳途径。11 月 7 日，35 位来自浙江华海药业股份有限公司的引进高层次人才来到台州医院体检中心，进行一年一次的健康体检。"体检费是由临海市政府为我们支付的，这份关怀也让我们新临海人感受到了政府对人才的尊重。"来自河南信阳的梁博士拿着体检卡笑着告诉记者："临海对人才的重视体现在方方面面，对于细节的关注尤其让我们感动。在临海工作生活，让我没了后顾之忧，心更踏实。"

🖋 学者点评

浙江省是制造业大省，制造业的主体又是非公企业。临海市根据本市的产业特点，把非公企业的人才队伍建设作为全市人才工作的重中之重，引领非公经济由依赖物质性投入转向依靠科技、人才、管理驱动，形成了一整套具有临海特色、行之有效的工作推进体系。特别是在全省首建军民两用科技成果推广服务中心，为非公企业量身定制军民科技合作的高层次人才和智力项目，持续数年实施企业家素质提升工程，专门设立创业园为创业类高层次人才提供场所，等等。这些务实的政策措施产生了良好的非公企业人才"临海效应"，值得浙江省具有类似经济结构的县（区）学习借鉴。

"三安"服务拴心留人

2013年从大洋彼岸来到天台后，美籍工程师 Pang 就深深地爱上了天台的一方山水。他的妻子也远道赶了过来，被当地一家中学聘为英语外教。

作为山区县的天台，引才优势并不明显。但近5年来，该县吸引的各类人才多达 2000 余人，其中不乏入选国家"千人计划"、省"千人计划"、省"海鸥计划"、市"500 精英计划"等高层次创新人才。

如此之众的优秀人才愿与天台结缘，一大秘籍是该县构建的"三安"人才服务体系，使优秀人才"引得进、留得住、用得好"。

安身——来有满足感

为最大程度引才引智，天台县把有限的人才资金放在政策这把"刀刃"上，先后制定出台了《关于引进高层次人才奖励扶持的若干意见》《天台县柔性引才补助暂行办法》等 20 余个人才政策文件。对各类引进人才进行奖励，对人才创业创新过程中碰到的科技项目申报、行政审批、创业服务等提供全程代办、帮办服务，在户籍、住房、教育、医疗、社保、配偶就业等方面予以优先保障，并建立了人才服务中心，采用"一窗接件、并联审批、集中反馈、统一建档"的方式，为各类人才办证办事提供全方位、"一站式"、保姆式服务。

实实在在的举措带给引进人才贴心周到的服务享受。浙江银轮机械股份有限公司引进的"千人计划"专家李博士说得最多的两个字就是省心，"从美国来到天台之前，对这个小县城还有所顾虑，来了之后有两个没想到，一是人才政策好，能想到的都帮着办到了，没想到的也考虑到了，我们心里比较满足和踏实。二是对引进人才关怀备至，看病有'医疗直通卡'；想锻炼身体，有健身卡，县委人才办的领导还时不时主动约我们打羽毛球、乒乓球；衣物脏了，有洗衣卡，一个电话有人上门服务，一句话，生活很方便，天台对我来说好像并不'陌生'。"

高校毕业后，李金良从湖北武汉来到天台。他的才华被大家公认，个人价值很快得到了体现。目前，他受聘担任了一家企业的总经理助理。期间，先后有2家外地企业用高薪"挖"他，劝他"跳槽"，他一一婉拒。他说："我不一定非要赚多少钱，在这里我工作很称心，干得很愉快。"

"长久留人靠事业，靠的是对天台的感情。"天台县委、县政府清晰地认识到当地由于区位优势不明显，对外来人才吸引力不强的现实，因而格外注重打好感情牌，做细服务工作，努力让外来人才创业有机会、干事有舞台、发展有空间。

县里建立联系人才机制，由县四套班子领导和县委人才工作领导小组成员单位结对联系"千人计划"专家、"500精英计划"专家等各类优秀人才，定期走访慰问，听取意见建议，解决实际难题。不仅如此，县里还每年梳理10个人才难题，作为服务人才的十大实事，集中力量加以解决，使人才在天台安心工作。

安家——住有幸福感

要让人才真正落地生根，如何安家，就摆在了天台县委、县政府的面前。

近年来，天台通过开发建设、购置房产、盘活存量房、政府补贴企业开发等多种形式，建设人才公寓、人才租赁房、专家楼和人才宿舍，先后分三期建设 248 套人才公寓租赁房。

来自湖南的浙江普利金塑胶有限公司总经理李机华作为外来引进人才，来天台工作已有 3 年，刚开始住在公司宿舍里，家人来时很不方便。现在，李机华顺利拿到了人才公寓的钥匙，"新房子有 90 平方米，以后可以把家人接过来一起住了。"

帮助外来人才解决住房问题固然重要，但只身一人来到这里，个人婚姻问题就显得更为迫切。为此，天台每年举办青年人才交友派对活动、大型集体相亲活动，促使很多年轻人才在天台找到了人生伴侣。

"我没办暂住证，不能报名考驾照，希望能帮忙。"天台县人才服务中心接到了一名外来人才的求助电话，通过协调，问题妥善解决。

不仅帮助解决人才子女上学、家属就业等大难题，而且解决人才生活上的小困难，切实做到人才的需求在哪里，政府的服务就跟到哪里。同时，每年春节，为所有人才送上一张贺卡、一束花、一笔慰问金。遇到人才有红白喜事的，主动派人上门慰问。

全心全意服务换来了人才的信任和回报，涌现出了拖儿带女、带领老乡、介绍朋友、引荐学生前来天台工作生活的动人局面。老家在祖国最北端漠河的天鸿公司副总郭海英，深深地爱上天台这块热土。女儿高校一毕业，她就帮助女儿在天台找到了工作。来自山东青岛的孙亚国在天台已有 18 年，从技术人员成长为企业的副总，他把母亲接到了天台，2013 年添了孙儿，一家四世同堂，其乐融融。

安心——居有归属感

为方便人才真正融入当地生活，天台推出了服务人才一卡通（天台英才卡）。持卡人一卡在手，可享受购书看报、培训进修、旅游休假等多项政府性资源服务，并享受 33 家商家的会员卡（金卡）服务。浙江三星特种纺织有限公司常务副总经理刘海芳说："英才卡集几十张金卡于一身，既方便日常生活休闲，又成了外来人才的一种身份象征。"

为使人才找到不是一家胜似一家的感觉，营造人才一家庭的良好氛围，天台先后发动成立了县企业家协会、外来人才协会、高层次人才联谊会、职业经理人俱乐部等各类人才协会，以协会为平台开展活动、加强交流、破解难题，实现自我服务。

每周一小聚，增进互识了解。县里专门建立县人才活动中心俱乐部，每周六、周日免费开放，供各类人才工作之余休闲消遣。现在，"温馨星期天"成了外来人才的周末集聚地，越来越多的人才前来交友派对，场面热闹非凡。

每月举办一次天台山文化之旅、人才联谊会、人才大讲堂、技术研讨、学术交流、外出考察等活动，搭建人才感情交流、思想沟通、信息汇集、智慧碰撞等平台。

每半年举办一次趣味运动会、亲子活动、中秋联欢晚会、人才风采大赛等大型活动，促进来自各个企业、各个行业、各个层次的人才相互沟通交流，促其在天台安家根落，安心生活。

坚持服务人才一以贯之，关心人才持之以恒。连续 13 年在正月初一举办外来人才春节茶话会，邀请外来人才及家人共进午餐，营造其乐融融庆佳节的良好氛围。

天台县还把外来人才中的优秀分子积极推荐为"两代表一委员"，引导参政议政、建言献策，参与到天台的各项事业建设中来。

学者点评

　　"人才的需求在哪里，政府的服务就到哪里"。台州市天台县从提升人才满足感、幸福感、归属感的"三安"服务着手，做实做细人才服务，帮助人才既克服大难题，也解决小困难。引才留才要靠待遇，靠事业，还要靠感情。感情的纽带需要通过贴心周到的服务来维系。不少情况下人才愿意放弃优厚待遇到条件较差地区工作，往往是为情所动，被情所系。

十一 丽水案例

Lishui
Cases

直向源头引活水

龙泉，是一个神奇的地方，这里拥有"人类非遗"龙泉青瓷、"国家非遗"龙泉宝剑等独一无二的顶级文化"金名片"。

"剑瓷立市"是龙泉的发展理念。近年来，龙泉市大力实施"人才强市"工程，围绕传统产业特点，创新提出"聚才、育才、炼才、借脑、换脑"五大人才培养机制，着力打造具有地域文化特色的剑瓷传统人才队伍，形成了百花齐放、百家争鸣的喜人局面，工艺水平、产品日臻完美。

目前，龙泉市青瓷宝剑行业中已拥有中国工艺美术大师 6 人，中国陶瓷艺术大师 5 人，省级工艺美术大师 21 人，丽水市工艺美术大师 79 人。

多渠道倾心培养人才

2013 年，中国工艺美术大师陈阿金说："一把好剑，千金难求；一名好的铸剑大师，更是无价之宝。"龙泉中等职业学校新开的宝剑班，他倾注了很多心血，把自己生平技艺毫无保留传授给那些年轻人。

近年来，龙泉市在继续发扬龙泉青瓷、宝剑从业者通过"父传子、师传徒"传统技能传授方式的基础上，大力实施剑瓷产业人才培养工程，相继投入 3000 万元在龙泉市中等职业学校建立了传统产业人才培训基地，开设了陶瓷班和刀剑班。聘请本市传统技艺大师兼职担任学生专业指导师，使学生在校学习期间就能得到工艺大师们手把手地指导。并以基地为平台，与龙泉市大窑瓷文化研究中心等校外15家公司建立专业实习基地关系，把企业作为学校的专业实训基地，实现与企业"无缝对接"。通过工学结合、校企合作极大地提高了学生的职业技能，为学生提供了更多的岗位实训机会，为用人单位培养了更多的实用人才。

2014年已经成立"龙泉青瓷宝剑技师学院"，于2014年年底开班，同时龙泉中等职业学校扩建二期暨龙泉青瓷学院（筹）工程已开工建设，为培养剑瓷文化产业后续人才夯实基础。

龙泉市还设立龙泉青瓷、龙泉宝剑终身艺术成就奖，给予龙泉青瓷、龙泉宝剑艺人政府特殊津贴；每年组织50名高层次人才（丽水市级以上大师或高级工艺美术师）赴高校研修；鼓励大师为中等职业学校学生、企业中层管理人员、剑瓷后备人才授课，传授剑瓷技艺和剑瓷文化相关知识等。在产业后续人才培育上，每年在龙泉中等职业学校陶瓷班和刀剑班，选拔优秀毕业生100名，进行为期一年的外派创意设计专业提升教育；每年组织举办剑瓷技艺比武、原创设计评比等赛事，获奖人员列入剑瓷产业人才后备库；对获得金奖并有深造意向的给予不超过两年的学费补贴；每年举办青瓷从业人员及剑瓷产业新生代人才培训。

依托产业为人才搭建事业平台

来到龙泉城区的青瓷宝剑苑，商铺里摆满了空灵温润的青瓷和充满阳刚的宝剑。一批批游客进进出出，在挑选着心仪的青瓷、宝剑产品的同时，还能在店后的厂区参观产品制作流程。

龙泉青瓷宝剑苑是一个集生产、销售、科研及旅游观光、旅游购物、体验为一体的综合性特色文化苑。这条街上，汇聚了从国家级大师的高端艺术瓷、艺术剑到创意特色的日用瓷、刀剑各个产业链，目前有入园企业 92 家，近万人受益，并入选省首批特色商业示范街和省文化产业示范基地，人气很旺。

与此同时，龙泉青瓷文化创意基地大师苑里幢幢小楼新颖别致，内设生活区、创作室、展示厅。10 多位首批入驻的国家级、省级青瓷大师的个人工作室，每天都是宾客盈门，成为继龙泉青瓷博物馆、龙泉青瓷宝剑苑后，又一文化新地标。

龙泉青瓷文化创意基地集文化传承、文博展示、学习交流、创作教学、收藏鉴赏、旅游观光等功能于一体，被列入 2014 年度国家级特色文化产业重点项目库。目前，一期的龙泉青瓷博物馆、大师创作园、名人名树苑已建成并对外开放，二期紫竹艺术工作室暨中工艺美青瓷产业基地等项目正在紧锣密鼓建设中，是龙泉青瓷对外交流、产业发展的一个重要平台。

另一边，项目总规划面积 33.3 公顷、总投资 5 亿元的龙泉宝剑文化创意基地破土动工，通过龙泉宝剑博物馆、龙泉宝剑大师苑、会展中心、武侠主题街等项目建设，使之成为集生产制作、展示收藏、商业会展、互动体验、文化推广等功能为一体的特色文化园区。

这类独特的举措，无声地传递出尊重人才的深意，更有效地保护遗产传承，激励着新生代不断攀升！

人才与科技引领产业转型升级

发展文化产业需要激情、需要思考、需要创新，要创新就离不开人才与科技。

在发展文化产业进程中，龙泉市相继建成龙泉青瓷和龙泉宝剑省级科技创新服务平台、龙泉青瓷及日用青瓷产品质量检测中心，积极推进龙泉青瓷、龙泉宝剑技术研发中心建设；积极推广隧道窑、纳米陶瓷等新技术新设备和现代信息技术在文化产业领域的应用，鼓励企业引进先进生产设备和技术对传统工艺进行改造提升，加快"3D 打印技术"在龙泉青瓷产业的创新应用。大力推进市校合作，先后与浙江大学、景德镇陶瓷学院、丽水学院等一批院校建立了合作关系，引进优质资源，加快文化产业技术创新。2013 年，龙泉青瓷文化创新团队还荣获省级重点创新团队称号。

剑瓷文化产业是典型的绿色经济，作为民族传统文化产业，具有资源消耗低、环境污染小的鲜明特征，是典型的绿色经济、低碳产业。自 2011 年起，龙泉连续三年开展"文化产业发展年"活动，推动了文化产业加快发展、转型发展。2013 年，龙泉市文化产业增加值占GDP 比重 5.51%，文化产业总产出 32 亿元、税收 3782 万元，其中剑瓷产业产出 26 亿元、税收 2865 万元，剑瓷文化产业已成为全市支柱性产业，并且成为一个"绿色引擎"。

学者点评

剑、瓷是龙泉的珍贵文化遗产。让其发扬光大，必须要有一支技艺精湛的人才队伍。龙泉市创新提出"聚才、育才、炼才、借脑、换脑"五大人才培养机制。通过技师学院、工学结合、校企合作、外派提升培训、技术比武、原创创意评比、终身成就奖等特色人才培育手段打破了父传子、师带徒的传统工美人才培养模式。通过千万元打造文创基地、大师苑、博物馆和会展中心等促进青瓷宝剑特色产业发展，为特色人才搭建事业平台。而政府大力扶持的人才与科技的结合，则让传统剑瓷文化产业转型升级，焕发出更强的生命力。

以"首席＋团队"模式加强人才队伍建设

一场以《"凸显文体特征"阅读教学》为专题的语文教研活动在青田中学举行。青田县语文学科团队第三期26名成员无一缺席，与全县300多位语文老师畅聊彼此对语文教学的个性理解。

青田县语文学科团队成立短短两年时间里，学科团队指导老师、学科首席带头人吴秀俊和她的团队，充分发挥了名优教师的示范引领和学科团队互助作用，举行专题研讨活动30余次、开办公开课45节次，学科团队成果汇编——《小语花开》第一期和第二期也得以顺利付梓。

"这两年团队有57篇市级以上论文发表或获奖，团队成员王伟琼、马爱丽等成长为市学科带头人，另有10人分别成了市教坛新秀和县学科带头人，团队成员都成了各级各类学生活动、学科竞赛的优秀指导师，在全市乃至全省语文教学研究、学生培养上产生了积极的影响。"吴秀俊认为，学科首席带头人的专业引领和学科团队建设，带来的不只是知识的传授和方法的给予，更是一种学术的感化，这种感化激发和唤醒了青年教师积极的心态和探究的欲望，并走上了快速成长之路，青田县语文学科综合实力也走在了全市前列。

带着浓浓青田味的创新平台

"首席＋团队"是青田县经过长期学科建设和人才培育实践创建

出的一个新载体。其主要特点是在全县各领域分学科分批选拔学科首席带头人，并在此基础上建立相应"学科团队"，发挥学科首席带头人示范引领作用，促进学科优势资源整合，加强人才团队和梯队建设。

目前，全县从工业、农业、教育、卫生、社科等领域选拔的三批共65名学科首席带头人，在学科发展规划、创新驱动等方面发挥了专业示范引领作用，活跃在科研、生产一线。目前，工业、农业、教育、卫生等领域7名学科首席带头人组建了"学科团队"并开展了试点工作，成效尤其明显。

富民发展，贵在得人。2008年，根据《青田县"1211人才工程"实施方案》，青田县在全县教育、卫生领域启动选拔首批学科首席带头人，把营造良好的专业人才环境作为人才工作的重中之重。

青田县人才办通过走访、座谈等形式向全县企事业单位公开征求学科首席带头人选拔意见和建议，全面掌握了全县各个领域、各个学科高层次人才的现状、问题和需求。

与此同时，根据"基础 + 专业"的选拔条件，在设置职称、年龄、品德、作风等基础条件的同时，根据各个领域学科特色设置专业条件，确保最终人选是德才兼备、干在实处、走在前列的行家里手。最终，15名学科带头人脱颖而出，成为青田县首批学科首席带头人，涵盖卫生领域的神经内科、心血管内科、骨科等学科，以及教育领域的各个学科。

第一、二批学科首席带头人管理期限为4年，考虑到人才流动、科研产出、有效管理等因素，在征求各方意见后，青田县将第三批管理期限调整为两年。2013年，青田县启动第三批"学科首席带头人"选拔，选拔领域从最初的卫生、教育两个领域，进一步延伸扩展到了工业、农业、社科文化、交通城建等领域，"学科团队"试点工作也相应跟进，力求在各领域开创百花齐放的新局面。

带着暖暖人情味的政策平台

留住人才，政策为先。在学科首席带头人、科研攻关、成果转化、人才培养、学科业绩提升等方面，青田县出台了与之配套的一系列政策举措。

根据《青田县"1211人才工程"实施方案》的相关规定，青田县专门安排财政资金，学科首席带头人每人可以享受每月2000元的政府津贴；同时为他们优先安排科研资助经费，优先使用科研设备、场所；优先推荐进修高学历、参加高水平培训，享受学习培训财政资助经费；邀请他们参与学科内全县重大计划的制订和重大工程项目的论证；优先推荐为上级高层次人才培养对象，优先推荐进入各级各类学术团体、咨询组织；定期享受健康体检，优先享受疗休养。

"学科首席带头人是学科发展的引领者、规划者，是学科建设的核心和主体，但学科建设是一个复杂的系统工程，学科的发展是一个逐渐积累、循序渐进的过程，并非一人之力所能完成，需要学科一批成员精诚合作、不断努力。"青田县人才办负责人介绍，在这明确的功能分析定位后，2012年，在原有"学科首席带头人"工作的基础上，开始探索建立"学科团队"，更好地发挥学科首席带头人示范引领作用，促进学科优势资源整合，加快学科建设步伐，加速学科人才成长。

学科团队每年能享受5万~15万元的专项资金扶持，优先推荐参选省、市"创新创业团队"；团队成员优先推荐参加"绿谷精英""侨乡精英"等各级各类人才评选。

带着沉沉丰收味的创业平台

一花独放不是春，百花齐放春满园。获得初步成果的，不仅仅是前述的青田语文学科及其团队，在"首席+团队"这一模式的引领和指导下，青田县各领域各学科都取得了良好开端。

青田县中医院院长、主任医师卢益中，是青田县第二批及第三批"心血管内科"的首席学科带头人，他领导的"心血管内科"团队除他之外，还拥有 7 名主任医师、12 名副主任医师及 13 名主治医师。

2012 年，卢益中的"心血管内科"团队顺利通过了医学重点学科建设评估，成为丽水市级重点学科，青田县中医院也成了丽水市唯一建立和拥有"心血管病区"的中医医院。

近年来，卢益中和他的学科团队在竭力推广医疗适宜技术方面取得了不俗的成果，成功将"耳尖放血治疗高血压病肝阳亢证技术""血管年龄计算"和"颈动脉超声在高血压及其并发症中的应用"3 项技术推广到多家基层卫生院。

2013 年，卢益中荣获了丽水市首届"绿谷名医"的称号，他所主持的课题《颈动脉超声判断高血压患者颈动脉粥样硬化的临床研究》获得了浙江省科学技术进步奖，他本人也连续两年获得青田县科学技术进步奖。同时，他还连续两年受邀前往北京，参加长城国际心脏病学会议和亚太心脏大会论文交流这一国内顶级的学术活动。

"首席＋团队"模式下的教育、卫生等领域结出的成果，让青田县看到了学科人才建设的巨大生机，"首席＋团队"向其他领域的拓展，成果初现。

学科首席带头人吴敏芳及其田鱼学科团队主持的多个课题，先后获得省、市农业丰收一等奖，与浙江广播电视大学合作的电视科普教育片《青田稻鱼共生高效养殖技术》，获第三届全国教育影视优秀作品一等奖。

学科首席带头人周凌峰及其卧螺离心机研发团队，设计研制的卧螺离心机多次填补浙江省内空白，产品达到国内先进水平，2012 年带头研制的高效污泥脱水离心机项目，先后被列为国家创新基金项目，国家"火炬计划"项目。

......

人能尽其才则百事兴。青田县"首席＋团队"的创新载体，成于创新，但又不止步于创新。接下去，还将针对存在的不足、未涉足领域做进一步的思索、探索，让高层次人才、学科团队为青田的跨越式发展做出更多贡献。

学者点评

小县城的专业人才培养是一个难题。为此，青田县从自身的经济社会发展实际出发，把人才工作的重点放在激发本土人才积极性和创造性上，提出"首席＋团队"模式加强学科人才建设，以教育、卫生两个领域为重点突破口，评选学科首席带头人和建立团队，并进一步延伸到工业、农业、社科文化、交通城建等领域。人数虽然不多，但其示范性、辐射面、影响力是不可低估的。

创建人才储备金制度　让人才引得进留得住

位于庆元县城西侧石龙山脚下的县人才公寓，从 2012 年 7 月起，陆续住进了 50 多位来自县内外的高层次人才。

一直以来，由于庆元地处山区，工作生活条件相对较差，人才外流现象严重，人才缺失成为当地经济社会发展的一大瓶颈。面对难题，2012 年，庆元县出台了《高层次人才储备金实施办法（试行）》，一至六类人才只要在庆元生产一线从事专业工作，均可获相应额度的高层次人才储备金，直至退休。

相对于引进人才的一次性奖励，庆元县创新实施的人才储备金制度，则是一种长效的激励办法，可以减缓人才流动的频率，也利于调动高层次人才的工作积极性，更好地规划其职业生涯。

逼出来的创新

给在一线从事专业工作的人才设定人才储备金，是被逼出来的。

2011 年年底调查的数据显示，这个总人口不过 20 万的山城小县，高层次人才只有 338 人。人才短缺，已成为制约当地加快发展的根本性问题。庆元县委、县政府认识到，必须创新欠发达地区人才引留机制，让高层次专业技术人才安心专心从事专业工作，让更多高层次人才愿意来庆元工作，愿意扎根庆元工作。

经过多次调研和严密论证，庆元决定出台《庆元县高层次人才储备金实施办法（试行）》。根据该办法，享受政府岗位津贴的一至六类人才且在生产一线从事专业工作直至退休的均可获相应额度的高层次人才储备金。第一类人才中的中国科学院院士、中国工程院院士每年10万元，其他每年8万元。二、三、四、五和六类人才分别为每年6万元、4万元、1.5万元、1万元和5000元。人才储备金开设后，庆元在财力十分有限的状况下，每年为此支出200多万元。

激发本土人才活力

"人才储备金每5年提取一次，每次提取账户额度的30%，剩余部分男55周岁、女50周岁可一次性领取，此后至退休期间的每年均可领取。"庆元县委组织部负责人介绍说，若人才调离庆元或未在生产一线从事专业工作的，其账户将被"清零"。

层次越高，扎根越久，钱就越多。这个类似住房公积金的人才储备金一推出，便引来本地专业技术人才的关注。

57岁的吴文有，是庆元县疾病预防控制中心主任、主任医师，属于第四类人才。获悉这项新政策，吴文有计算起来："除了享受政府岗位津贴每月600元外，到退休时，我一共可以多拿到7.5万元的人才储备金。"

青年教师吴韦春，庆元县实验小学副校长，中学高级教师。这两年，他获得了"丽水市教学名师""省特级教师"称号。"从第四类人才一下子跨到第三类人才行列，每年人才储备金也翻倍，这让我更安心在庆元继续做好教育工作。"吴韦春说。目前他们学校87位教职工中，就有30多位教师能享受人才储备金政策，而且呈现出专业技能比学赶超的好氛围。

一项好政策，激活一池水。据庆元县人力社保局工作人员介绍，从2012年7月份实行"人才储备金"制度以来，庆元本地专业技术人才外调同比下降 57%，而获评中高级称职的递增 60 多人。

人才激励效应初显

近两年来，庆元密集参加了由丽水市组织的省内外人才招聘会。每到一地，"人才储备金"政策都格外受关注。

"这场特殊的面试让我感到很温暖，我是被'人才储备金'这一特别政策吸引过来的，到这里后我更深切感受到庆元良好人才环境的感染力，我希望能有机会加入这个队伍……"发出这一感慨的是西安交通大学毕业的江西籍硕士研究生彭全兵。

小彭因错过庆元县 2013 年春季引才现场招聘会，主动申请到庆元参加面试。庆元县相关部门单独为他一个人组织了一场面试，随后双方顺利签订了协议。这次春季引才共有 12 名硕士研究生（其中"211"大学毕业生 9 名）现场"牵手"庆元，超过以前一整年的引才数。

2014 年 1 月至 10 月，庆元县先后 8 次到武汉、西安、兰州等地招聘人才。得益于"人才储备金"等特殊人才政策，已有 55 名硕士研究生、本科生以及其他紧缺人才到庆元工作。

此前通过人才引进到庆元林业局工作的硕士研究生胡青素，如今已在庆元安家，并住进了免费的"人才公寓"。"庆元县委、县政府很重视人才，我愿意一直在庆元工作。"胡青素高兴地说，目前她已从第六类人才上升到了第五类人才。

庆元已经尝到了人才新政的甜头。他们将陆续拓宽人才发挥作用的渠道，更好地搭建人才发挥作用的舞台，真正做到"待遇留人""事业留人""感情留人"，以人才队伍建设推动地方经济社会的快速发展。"

学者点评

　　庆元县知难不畏难，创造性地建立了"人才储备金"制度。不同于一次性的人才引进奖励，人才储备金着眼于长效激励，对于减缓后发地区人才外流趋势发挥了显著作用，该制度实施后本地专业技术人才外调同比下降57%就是明证。做好人才工作必须投入，但是如何投入却大有文章。庆元县立足本地实际，每年从十分有限的财力中挤出数百万元，以创新的制度设计、精心的配套服务，花小钱办好事，值得其他地方学习借鉴。

培育电商人才助推经济转型跨越

遂昌地处浙西南，山多地少，区位优势不明显，农产品效益低，信息相对闭塞，公共服务体系欠缺。

为有效地推动县域经济发展，近年来，遂昌县把电子商务作为县域经济转型跨越的一项重要手段大力推进，将电子商务人才培育作为支撑县域人才发展的重点，通过政策扶持、人才孵化、产业创新等手段，走出了一条体现时代特征、低成本、可复制、可持续的美丽乡村发展新路。

政策扶持汇聚电子商务人才

遂昌是一个只有 23 万人口的山区小县，却集聚了超过 2000 家网店，各类电子商务从业人员 6000 余人。时下最时尚的电子商务在遂昌是如何发展起来的？

这得益于遂昌县对农村电子商务及电子商务人才的重视和扶持。从 2003 年开始，遂昌县便整合资源搭建起服务于遂昌经济发展的电子商务公共平台。2012 年 5 月，遂昌又与阿里巴巴集团淘宝网签订了《战略合作协议》。还先后出台了《遂昌县促进全民创业实施意见》《遂昌县加快电子商务发展实施意见》等，每年拿出不少于 200 万元的财政资金用于扶持网上创业、培养和引进电子商务人才等。

徐振峰就是受此感召回到遂昌的创业者。他原先在杭州有一份电脑工程师的工作，在得知家乡遂昌大力扶持电子商务发展后，和妻子一起回到遂昌，专职网络销售遂昌原生态的竹炭产品。现如今，他的"竹之语"店铺在淘宝网上已是两个皇冠、年销售额达到120余万元，成为遂昌知名的电商。谈及为何回乡从事电子商务时，徐振峰说，他看重的正是家乡良好的生态环境、原生态的农特产品以及政府对农村电子商务发展的扶持。

2014年，遂昌又出台了《遂昌县本土特色人才等级认证及培养管理办法》《"遂昌电商新农人"选拔管理办法》。将电子商务人才纳入本土特色人才培养队伍，通过初级、中级、高级三种等级认证的方式以及技能比武、培训进修、优秀选拔、激励创新等形式，建立起覆盖供应商、物流等各个电子商务产业链的电子商务人才培养机制，全面提升现有电子商务人才队伍素质。

人才孵化加速电子商务发展

2010年3月，遂昌成立了丽水市首个网商组织——遂昌县网店协会。

伴随着这个以培养电子商务人才、帮扶网商成长、整合供应商资源、规范服务市场和价格的组织的出现，遂昌的电子商务人才越来越多，电商人才的创业激情也相继被点燃。

在遂昌网店协会举办的各类培训班上，有大学毕业生、城镇青年、下岗工人、城郊农民、退休干部职工，甚至还有黄包车夫等，他们当中很多人都通过电子商务实现了自主创业。目前，遂昌县网店协会已举办各类电子商务人才培训班60余场次，培训学员6000余人。

包宗霄和赵羽均是"90后"大学生，2013年7月大学毕业后，他们没有像其他同学那样留在杭州找工作，而是直接回到了家乡遂昌，参与电子商务创业。在遂昌县网店协会举办的培训班上，他们学会了图片处理、店面装饰等一系列开店技巧，如今，他们开设的"爱生活，爱家居"淘宝店已正式开业，销售自家产的茶叶盒、沙发椅等。

遂昌县职业中专也专门开设了电子商务专业，用于推动本土电子商务人才培养。在校期间，"电子商务专业"的学生与老师共同成立电子商务创业团队，开展实体产品推销、网店设立、网络代购、网络营销等业务，全面提升学生的专业技能。此外，学校还联合网店协会开展常态化培训，实现专业与行业有效合作。如今，该专业已被省教育厅认定为"省级示范专业"，该专业学生已经连续四次获得浙江省电子商务大赛团体一等奖。到目前，该专业已培养了各类本土电子商务人才千余人。

产业创新打造电子商务"遂昌模式"

未来电子商务发展离不开农村电子商务。

2014年上半年，遂昌全县电子商务销售额达2.39亿元，比上一年增长了一倍多。同时，遂昌竹炭、烤薯、笋干等本土特色农产品销售额增长迅猛。竹炭产业一半以上销售额通过网络完成，烤薯类产品年产值三四成也通过网络销售。

遂昌电商人看到，光打通产品流通渠道还不够，还需要一个方便农民购物的渠道。2013年6月，遂昌县网店协会会长潘东明成立了浙江赶街电子商务有限公司。

如今，"赶街"网点已经如破竹之势遍布遂昌的各个行政村。在遂昌县三仁畲族乡坑口村这个仅千余人的小村子，从2013年9月设立"赶街"网点之后，村民的生活就开始发生了变化。翻开"赶街"网点服务员李雪的网购记事本，从生活用品、厨房用品到充值话费、家电产品，坑口村村民一个月在"赶街"网点的购物记录有100多条。同时，"赶街"，也让电商物流直接进入了村庄。村民通过"赶街"网点买的东西会统一寄到相应网点，收货更加方便。潘东明表示，未来，"赶街"网点还将整合农民的农特产品代售、创业贷款办理、就诊预约以及邮政职能、电信职能甚至银行职能等，进而实现农村公共服务的一体化。

在遂昌，像徐振峰、潘东明一样的众多电子商务人才，让位于大山深处的农村、农民，正在逐步实现"绿水青山变成金山银山"的梦想。

学者点评

遂昌县及时抓住了信息技术跨区域低成本所带来的电商产业机遇，将农村电商人才培育作为本土特色人才建设的重点。通过政策扶持、人才孵化和产业创新等手段使得位于大山深处的遂昌涌现了大批电商新农人，使绿水青山正变成金山银山。遂昌案例揭示了人才工作，不仅要因地制宜，更需要解放思想，拓宽思路，抓住新兴技术的机遇，在新的经济增长点中定位人才建设和培育人才，从而形成人才与产业的互动，闯出一条新路。